Rathjen · Poe Cooper Thoreau Twain

Friedhelm Rathjen

Poe Cooper Thoreau Twain

Drei Studien zu Arno Schmidt und der amerikanischen Literatur des 19. Jahrhunderts

EDITION ReJOYCE

2017

Die hier versammelten Studien wurden folgendem Band entnommen:

Friedhelm Rathjen:
Westwärts. Arno Schmidt und die amerikanische Literatur
Edition ReJoyce, Bd. 15/16

rejoyce pocket
rjp 1

Bibliografische Information der Deutschen Bibliothek:

Die Deutsche Bibliothek verzeichnet diese Publikation in der Deutschen Nationalbibliografie; detaillierte bibliografische Daten sind im Internet über <http://dnb.ddb.de> abrufbar.

EDITION ReJOYCE Südwesthörn 2017
rejoyce@gmx.de
Satz, Titelfoto und Umschlaggestaltung: Friedhelm Rathjen
Herstellung: Books on Demand GmbH, Norderstedt
ISBN 978-3-00-055813-9

Inhalt

Die Spitzen der US-Entwicklung
Poe und Cooper bei Arno Schmidt

Arno Schmidt ist, als 1949 sein Erstling *Leviathan* bei Rowohlt erscheint, Autor des deutschen Verlags mit der damals klangvollsten Palette an amerikanischen Verlagsautoren; bei Rowohlt erscheinen unter anderen Hemingway, Wolfe und Faulkner, und da Schmidt jahrelang kostenlos mit dem kompletten Verlagsprogramm beliefert wird, hat er durchaus Gelegenheit, sich ein Bild von diesen Kollegen zu machen. Was Schmidt davon hält, zeigt am deutlichsten eine Passage in seiner 1950 geschriebenen Erzählung „Schwarze Spiegel“, in der der Ich-Erzähler seiner Freundin eine entsprechende Belehrung erteilt:

> *»Ja: das ist ein Mann.«* seufzte sie bedeutsam und faul. Stille und Kühle. Der frische blaue Abend, gelb abgesetzt, würde noch lange dauern. Ich wandte ihr mein Gesicht zu: »Laß Deine Priameln« sagte ich streng, »und komm gleich zum Apropos: wer ist nun wieder besonders viril?« Und fügte, um sie zu rascherer Rede zu reizen, noch ‹He?› hinzu. Sie winkte mit den plakatischen Umschlägen, und ich erkannte das gröbere Bild: »Ach so,« sagte ich schwach, und kam zum halben Bewußtsein meiner Aufgabe ‹Hemingway, sowohl Fiesta als auch Haben und Nichthaben.› »Nee,« lehnte ich ab, »ich bin mehr für die Spitzen der US-Entwicklung, so Poe und Cooper: was soll ich da mit dem missing link – ?«. »Und Wolfe und Faulkner?«. »Und Wolfe und Faulkner.« Sie maulte ein paar Sekunden und strich über den Umschlag: »Da ist noch Vitalität und volles Leben« meinte sie pikiert. »Wird diesmal noch mehr geschossen?« fragte ich neugierig: »Oder geboxt: Jubeltrubelheiterkeit? Die Welt besteht doch

> nur aus Barmixern, Menschenschmugglern, Veterans; kein Mädchen ohne Nymphomanie; Autofuhren: Gott, muß Amerika schön sein!«[1]

Poe und Cooper sind für Schmidt nicht nur die „Spitzen“ der amerikanischen Literatur, sondern sie sind offenbar auch die ersten (und lange einzigen) amerikanischen Autoren, für die er sich hat begeistern können. Im folgenden soll der Verlauf dieser doppelten Begeisterung bis hin zum in beiden Fällen nicht sehr begeisternden Ende geschildert werden.

1. Vom Jünglingsschwarm zum KloVoyeur: Edgar Allan Poe

In einem 1969 aufgezeichneten langen Funkinterview (später unter dem Titel *Vorläufiges zu Zettels Traum* auf Schallplatte gepreßt) aus Anlaß der bevorstehenden Publikation seines Riesenroman *Zettel's Traum* erinnerte sich Arno Schmidt an eine einschneidende Lektüreerfahrung in seiner Jugend:

> Ich bin – geborener Hamburger – und hab' meine ersten 15 Jahre dort verbracht. Dann kam ich nach Schlesien und hab' in Görlitz das Abitur gemacht. Nun war in Görlitz eines jener unschätzbaren kleinen Winkelantiquariate, in das ich, mit meinen paar Pfennigen die ich mir durch Nachhilfeunterricht verdiente, grundsätzlich ging, jede Woche einmal und da fand ich auch ein kleines grünes Bändchen das war ... stammte ungefähr aus dem Jahre 1920, von circa 300 Seiten, das gab eine Auswahl – des Werkes von EDGAR POE.
>
> Ich erinnere mich daß *damals* den größten Eindruck auf mich das HOUSE USHER gemacht hatte. – Ich

[1] Arno Schmidt, „Schwarze Spiegel“, in Bargfelder Ausgabe, Bd. I/1 (Zürich: Haffmans 1987), S. 199-260, hier S. 251.

habe es, ich will's nur gestehn, übersetzt damals – und – diese Übersetzung ist so gut geraten, daß ich sie meiner heutigen die – bei Walter erschienen ist, zu drei Vierteln zugrunde legen konnte.[2]

In *Zettel's Traum* ist Edgar Allan Poe bevorzugtes Gesprächsthema und Analyseopfer des Ich-Erzählers Daniel Pagenstecher, hinter dem sich Schmidt persönlich versteckt. Wie die eben zitierte Reminiszenz Schmidts zeigt, ist seine Bekanntschaft mit Poe aber sehr viel älter als das Großprojekt *Zettel's Traum*. Bereits als Jüngling schwärmte Schmidt für den – wie er damals fand – Bruder im Geiste; Johannes Schmidt, Schmidts Vorgesetzter während dessen Ausbildung und früher Berufstätigkeit in der schlesischen Textilindustrie, erinnert sich, „Arno Schmidt war von Poe's Satz, daß jede Geheimschrift

---

2 Arno Schmidt, *Vorläufiges zu Zettels Traum*, in *Lesungen, Interviews, Umfragen*, Bargfelder Ausgabe, Supplemente, Bd. 2 (Frankfurt a.M.: Suhrkamp 2006), S. 31-70, hier S. 60. – Bei der beschriebenen Ausgabe, die Schmidt einen ersten Zugang gewährte, hat es sich um eine englischsprachige Sammlung gehandelt, wie Schmidt auf den ursprünglich geplanten, aber dann nicht veröffentlichten kommentierenden Schlußseiten von *Zettel's Traum* notiert hat. Vgl. Arno Schmidt, „– zettel 1331 –", in *Von Arnheim zu Zettel's Traum. Begleitheft der dritten Ausstellung der Arno Schmidt Stiftung in Bargfeld, 1990/91* (Bargfeld: Arno Schmidt Stiftung 1990), S. 23: „(Als Curiosum sei noch erwähnt, daß Meine erste Bekanntschaft mit 'Poe id Ursprache' auf die lütte 1=bändige Auswahl der 'English Library' einer 'Internationale Bibliothek GMBH; Berlin' (etwa 1921) zurückgeht; die Ich 1929 in Görlitz, antiquarisch, kaufen konnte.)" Es handelt sich um Edgar Allan Poe, *Select Tales* (Berlin: Internationale Bibliothek 1922); dieser Band enthält folgende Erzählungen Poes: „The Gold-Bug", „A Descent into the Maelström", „The Black Cat", „The Fall of the House of Usher", „The Murders in the Rue Morgue", „The Purloined Letter", „Ms. Found in a Bottle", „The Tell-Tale Heart", „The Imp of the Perverse", „The Pit and the Pendulum", „The Masque of Red Death", „The Oblong Box", „The Assignation" und „Eleonora".

auflösbar sein müsse, beeindruckt", und habe ihn „auf den 'Goldkäfer' [...] ausdrücklich hin[gewiesen]."[3] Spuren der Bewunderung finden sich auch in den wenigen Dichtungen Schmidts aus früher Zeit, die sich erhalten haben, so in dem Fragment „Die Insel" von 1937, wo zu dem Bestand einer schwärmerisch beschriebenen Bibliothek auch „einige englische poeme" sowie „poe's »gordon pym«"[4] gehören. Besonders deutlich wird der Hommage-Charakter solcher Spuren an einem dialogisierten Textzyklus, den Arno Schmidt 1940 in der Wehrmachtskaserne zu Hirschberg als Weihnachtsgeschenk für seine Frau schreibt: *Dichtergespräche im Elysium / das sind / wahrhaftige und bedeutende / Unterredungen / der / vornehmsten Dichter / aller / Zeiten und Völker / über Gegenstände der Literatur, so dem / Kenner und Liebhaber derselben überaus / angelegen sein müssen / sowie / ergötzliche Nachrichten / von ihrem derzeitigen Stande und / neuerlichen Erlebnissen. / belauscht und aufgezeichnet von Arno Schmidt*. Fast alle Jugendlieblinge Schmidts sind versammelt: Homer, Tieck, Coleridge, Fouqué und viele andere. Den Ehrenplatz aber bekommt Poe; ihm gehört das erste und das letzte Wort, und er ist es, der (und zwar niemand anderem als ausgerechnet dem später von Schmidt so geschmähten Stifter) den Weg ins Elysium beschreiben darf – in einer langen Passage, in der sich Schmidt als durchaus kunstvoller Stilimitator betätigt:

---

3 Johannes Schmidt, „„... jene dunklen Greiffenberger Jahre"", aufgezeichnet von Jan Philipp Reemtsma, in Jan Philipp Reemtsma u. Bernd Rauschenbach (Hg.), *„Wu Hi?" Arno Schmidt in Görlitz Lauban Greiffenberg* (Zürich: Haffmans 1986), S. 131-159, hier S. 158.

4 Arno Schmidt, „Die Insel", in Bargfelder Ausgabe, Bd. I/4 (Zürich: Haffmans 1988), S. 185-237, hier S. 216.

Hochland tat sich auf. Felsblöcke schrofften an steilen Gründen, schon hing Schnee im Geklüft, wohl war Windzeit, Wolfszeit.

Oft saß ich am spärlichen Feuer, aus seltenem trocknem Gesträuch entfacht, und schaute stumm in die winzigen knisternden Flammen. Oft hatte ich so als Kind an den Gestaden des glühenden Bildermeeres gesessen; oft hatte ich in der Schule am ernsten Gesichte des Lehrers vorbei in die webende Glut gestarrt, bis der Wind stiebenden Schnee an die Fenster warf, und mich aus tiefen Träumen rüttelte.

So war ich lange im düsteren Hochland gewandert, als eines Morgens sieghaft die Sonne hervorbrach, und goldene Zackenpfeile über mich schoß.

Warm wogte Wind, lind lief die Luft, und an einem der letzten schönen Herbstabende schritt ich in die tiefen leicht steigenden Lichtungen eines weiten Laubwaldes hinein. Vögel hüpften tappend auf den Zweigen, blitzende Bäche eilten der hinter mir liegenden Wildnis zu, und in den klaren Nächten stand der schimmernde Mond über den wiegenden Wäldern.

Und in einer Nacht geschah es mir, daß ich, noch ein wenig mit den marmornen Wolkeninseln wandernd, wie gebannt stehen blieb.

In einem stillen umbüschten Talgrund, von Eschen und Ulmen umflüstert, trat aus den Tiefen der Wälder eine Schar heiliger weißer Hengste, ein stummes Bild unschuldiger Schönheit; lange sah ich ihren kraftvollen Spielen zu, bis mich selige Müdigkeit überwältigte.

Nur wenige Tage der Wanderung noch – nun war der Winter doch eingebrochen – und ich überschritt den höchsten Kamm des Gebirges. Da sah ich drüben, silbern im silbernen Schnee, einen stürzenden Abgrund zwischen uns, den Wolkenstein ragen, und hörte den Ruf des Wächters. –

> Nicht ist mehr zu sagen! –[5]

Als Arno Schmidt dies schreibt, kennt er das Werk von Edgar Allan Poe im Original bereits weitgehend komplett: während einer Reise nach London 1938 hat er sich eine ältere englische Gesamtausgabe besorgen können. So geht Schmidt denn auch bald auf, wie dürftig die gängigen Eindeutschungen sind, und er tut etwas für ihn sehr Typisches: der Autodidakt Schmidt übersetzt seinen Lieblingstext einfach selber, und viel besser natürlich als die Profis. Doch damit nicht genug: Als Schmidt 1949 bei Rowohlt sein erstes Buch *Leviathan* hat veröffentlichen können, plant er als Nachfolgeband eine Sammlung fiktiver Briefe, die sein polemisches Talent zeigen soll. *Arno Schmidts Wundertüte* heißt das Manuskript, und enthalten ist darin auch ein Brief an einen gewissen Herrn Neumann, seines Zeichens Übersetzer einiger Reclam-Bändchen mit Poe-Texten. Schmidt zieht heftigst vom Leder:

> Edgar Allan Poe – Messieurs: wir erheben uns von den Plätzen! – Wenn man das eine Schock wahrhaft bedeutender Schriftsteller, welches die Menschheit bis jetzt hervorgebracht hat, namentlich aufzählt, dann ist er Einer davon.
>
> Er hat in seinem gewaltigen Essay »Heureka« – unbekannt mit den Leistungen der historischen Emanationstheorien; ohne von den Ergebnissen seines Zeitgenossen Schopenhauer zu wissen; lediglich auf Grund der damaligen spärlichen naturwissenschaftlichen Daten, und seiner wahrhaft übermenschlichen analytischen und divinatorischen Fähigkeiten – das philosophische Groß-Weltbild der kommenden Jahrhunderte skizziert. Er hat unnachahmliche literarische Kritiken

---

[5] Arno Schmidt, *Dichtergespräche im Elysium*, ebd., S. 329-301, hier S. 299 f.

geschrieben, meist zwangsläufig an Mediokres angeknüpft, aber sich im Verlaufe der jeweiligen Untersuchung zu allgemeinen Formulierungen von unvergleichlicher sprachlicher und seelischer Schönheit ausweitend [...], und die überraschendsten und schärfsten Einzelurteile wagend [...]. Er hat Erzählungen von solch arabesker Prägnanz der Fabel und so einheitlicher Stimmung geschrieben, daß sie keinem Meisterstück der Weltliteratur weichen. Seine Kunst der Wortwahl, seine Vokalharmonie, seine Instrumentierung der Perioden, sein Satzgeflute, geregelt vom feinsten Ohr, fixiert von der beherrschtesten Hand – Kalligraphie: das ist die einzige Wehr gegen Orkus und Orkan, Tempter and tempest – Bernard Shaw nennt ihn ein »Wunder der Literatur« und »die Nachwelt wird sich weigern zu glauben, daß er zur selben Zivilisation gehört.« – Natürlich gilt auch für ihn, daß er von den 4 Bänden meiner Ingram'schen Ausgabe von 1874 die Hälfte besser nicht geschrieben hätte; aber er war – im Gegensatz zu Goethe, Fouqué usw. – blutarm, und hat überdies dem Editor die Unterscheidung zwischen Probehaltigem und taubem Tagelöhnerwerk nicht sonderlich erschwert, so daß auch der Übersetzer bei der Auswahl nicht fehlgreifen sollte.[6]

Aus der Größe, die Schmidt seinem verehrten Poe attestiert, folgen unmittelbar seine Forderungen an eine Poe-Übersetzung:

Eine Übersetzung der Bücher dieses Trismegistos in unsere Sprache ist vielleicht das kühnste aller Wagnisse, welches die Musen einem höchstbegünstigten, an Herz und Geist ebenbürtigen, poe-tischen Liebling

---

[6] Arno Schmidt, „Herrn W. Carl Neumann", in Bargfelder Ausgabe, Bd. III/3 (Zürich: Haffmans 1995), S. 16-24, hier S. 17 f.

> einhauchen, oder die rächenden Erinnyen irgend einem unglücklichen literarischen Gartenzwerg im nächtlichen Alptraum zukekkern können. Es wäre wohl nicht zu viel verlangt, wenn man von dem Unternehmenden alle Fähigkeiten forderte, die auch ein Dichter haben muß – Schöpferdrang und -kraft vielleicht ausgenommen –; daß er panische Übermacht der Phantasie mit scharfem unerbittlichem Geist vereinige; daß er nach langem ehrfürchtig sich mühendem Umgang mit Poe nichts Dunkles mehr in dessen Leben, Bildung, Belesenheit und Sprache für sich finde; daß seine Kenntnis unseres Wortschatzes so ausgedehnt wie möglich sei; und daß er willens wäre, die Arbeit vieler Jahre, vielleicht seines restlichen Lebens, daran zu setzen, wenn er dem Gegenstand auch nur einigermaßen gerecht werden wollte.[7]

Wahrscheinlich ahnt Schmidt zu diesem Zeitpunkt noch nicht, daß er selbst späterhin mehrere Jahre seines Lebens auf eine Poe-Übersetzung verwenden wird; natürlich zielt der von ihm hier aufgebaute hohe Anspruch aber auch ganz einfach auf den Fall, um den es ihm hier geht:

> So streng war nun freilich Herr Neumann nicht gegen sich; er betrachtete 5 tintige Finger, ein Wörterbuch, und platte Waschhaftigkeit als überflüssig ausreichend, um zwischen Schlaf und Wachen so ein paar hausmacherne Histörchen nachzudahlen. Er hatte außerdem noch einen rührigen Schutzgeist, der mit meiner gesamten Bibliothek auch seine Übersetzung des »Gordon Pym« verloren gehen ließ, zu der ich bereits eine beträchtliche Zahl schlimmer Anmerkungen – betreffend freche Auslassung ganzer Seiten, Mißverständnisse, unverschämte Flüchtigkeiten, ganze Fuder von Sprach-

---

[7] Ebd., S. 18.

lumpereien etc. – gemacht hatte; und er hatte einen bösen Genius, der mich, als ich im Spätherbst 45 als Kriegsgefangener im Munsterlager »weilte«, zum Ersatz in einem grimmig verwanzten Spinde ein Exemplar der »seltsamen Geschichten« finden ließ. Zwar fehlten vorn und hinten je einige 20 Blätter, von unheiligen (oder Kenner-?) Händen entfernt; aber das Juwel Poe'scher Kunst, der »Untergang des Hauses Usher«, war vollständig erhalten, und dessen Übersetzung birgt ja auf seinen 25 Seiten Materials genug, um mehr als *einen* literarischen Ruf zu vernichten. –

Es ist das Kennzeichen des Stümpers, daß er dem Meister überlegen ist. Poe legt im Beginn die Worte wie graue Steine zusammen, schwer, zögernd, fügt viele Zeichen der Düsternis aneinander, in langen Gesetzen, um so schon den noch unwissenden Leser unmerklich zu stimmen: »During the whole of a dull, dark and soundless day / in the autumn of the year / when the clouds hung oppressively low in the heavens / I had been passing alone, on horseback / through a singularly dreary tract of country / and at length found myself / as the shades of evening drew on / within view of the melancholy House of Usher«. – Und so händigt uns Herr Neumann die bildschweren Zeilen aus: »Es war ein trüber unfreundlicher Herbsttag Punkt. Grau und schwer hingen die Wolken am Himmel und tiefes Schweigen lag in der Natur Punkt. Den ganzen Tag war ich durch eine ungewöhnlich öde Gegend geritten, und erst als der Abend zu dunkeln begann, gewahrte ich endlich den melancholischen Stammsitz der Usher Punkt.« Abgesehen von dem unerträglich geschäftigen Hopsatakt, den Carlchen durch diese Dreiteilung hineinzubringen gewußt hat, beachte man die edle Schprache und die erlesenen ergreifenden Bilder: »unfreundlich«, so sagte unsre

> Waschfrau auch, wenn es nieselte; wen ergriffe nicht das beliebte »Schweigen der Natur«, das aus dem »tonlos« des Originals geworden ist; und der Abend kann bei Neumann's nur »dunkeln«, es fällt einem auch unwillkürlich gleich die Lorelei ein, nicht? Oh, er hat schon den Rat älterer Übersetzer benützt, und dem Volke fleißig »aufs Maul gesehen«; »recesses of mind« sind ihm apart »Falten des Herzens«, »acting upon this idea« heißt »die Probe aufs Exempel machen«, »air of heaven« ist eben die »gewöhnliche« Atmosphäre usw. usw. Seine Banalität ist unerschöpflich [...][8]

Ganz besonders wurmt Schmidt die unsensible Eindeutschung des in den „Usher"-Text eingebauten Gedichts „The Haunted Palace":

> Die melodische Anlage deutet auf vierfüßige Trochäen als Grundmaß, die aber (nach speziell Poe'scher Theorie; vgl. »The rational of verse«) von, mit feinstem Gefühl angeordneten, scheinbar drei- und sogar zweifüßigen – dazu noch sinnschwer verzögerten, wahrhaft »einsilbigen« – Trochäen unterbrochen werden. Bei Neumann rattert der Schüdderump voll abgemurkster Gedanken und Metaphern seelenlos weiter im immer gleichen, grobschlächtigen Pumpertakt: da zeigen Sie's dem Poe (und uns) mal, was so ein richtiger kompletter Vierfüßler ist! (In der letzten Strophe gibt er sogar noch einen zu; Goethe hat's in der »Braut von Korinth« ja auch mal gemacht). Und der Unwissenheit und Mißverständnisse ist kein Ende; (denn Neumann ist auch einer von der Sorte, die da glaubt, daß Shakespeare und Cervantes am selben Tage gestorben seien, weils ja so im Lexikon steht; und daß der Groß-

---

8 Ebd., S. 18 f.

Glockner seinen Namen von der Bimmel auf dem Gipfel hat) – »Porphyrogen« – – Porphyr, Porphyr: das kann doch eigentlich nur das bekannte Mineral sein, wie? So: »Feldspat, Quarz und Glimmer ...« Nun, Herr Neumann, Ihre Platitüden sind freilich nicht kaiserlich »im Purpur geboren«, wohl aber stößt die Gose überall auf. Und daß besagter Palast nur 2 Fenster hat, ausgerechnet zwei, Herr!: ist Ihnen das gar nicht aufgefallen?! Aber Sie lassen das ja ganz einfach weg; n'importe, oder, wie man jetzt dort sagt, nitschewo. – –

Oh, Edgar Allan Poe, der Du aus dem schönen Anderson'schen Porträtstich auf mich herunter blickst –: ja, das ist dieser »Palast der Gedanken«; das ist das bannergleich wogende Haar um die Zeusstirn; das sind die zwei schimmernden Fenster; ja, Deine Worte meldeten überall Scharfsinn und Weisheit ihres Herrn, und wohl kündeten sie dem Ehrfürchtigen, daß Dein Haupt, ushergleich, göttlich gefährdet im unerbittlichen Raum schwanke. –

Das Neumannsche Oberstübchen zu besingen wäre allerdings ungleich vergnüglicher, halb Affenhaus, halb Kaffeeklatsch; und statt »porphyrogen« bietet sich sogleich zwanglos das ja gleichfalls byzantinisch belegbare »Kopronymos« an. –[9]

Der etwas weit hergeholt scheinende Verweis auf das Wort „Kopronymos“ erklärt sich daraus, daß Schmidt sein Opfer „W. Carl Neumann“[10] nennt, was er einmal ausdrücklich als „WC-Neumann“[11] abkürzt – ein etwas plumper Witz, der zudem auf einer Schmidtschen Fehlleistung beruht: in Wahrheit heißt der Angegriffene nämlich gar nicht W. Carl, sondern Carl W. Neumann. Und noch eins

---

9 Ebd., S. 23 f.
10 Ebd., S. 16.
11 Ebd., S. 17.

übersieht Schmidt in der Eile: das Gedicht vom „Haunted Palace“ hatte Neumann gar nicht selbst übersetzt, sondern in der Fassung einer Kollegin übernommen.[12]

Folgen hatte die ganze Polemik im übrigen nicht, denn Schmidts *Wundertüte* gelangte damals gar nicht zur Veröffentlichung. Statt dessen erschienen im Laufe der Jahre eine Reihe von Erzählungen und Romanen, in die immer mal wieder eine kleine Verbeugung vor Edgar Allan Poe eingebaut ist. In „Schwarze Spiegel“ bekennt der schriftstellernde Erzähler, er stelle sich beim Schreiben vor, ob Leute wie Cervantes, Jean Paul, Lessing und Poe wohl mit seinen Hervorbringungen zufrieden wären[13]; der Held der *Gelehrtenrepublik* würde Poe seine gesamten Ersparnisse zu Füßen legen[14]; und in seiner Biographie des Romantikers Fouqué nennt Schmidt „Poes »Heureka« und Schmidts [also seinen eigenen] »Leviathan«“ in einem Atemzug als „letzte große Stufen“ des Pantheismus[15]. Zwar scheint Schmidts Beschäftigung mit Poe während der frühen 50er Jahre zugunsten anderer Interessen (etwa der ausgiebigen Cooper-Lektüre) etwas ins Hintertreffen zu geraten, so daß Poe beispielsweise im kompletten Jahr 1954 im ausführlichen Tagebuch Alice Schmidts mit keinem Wort vorkommt, doch die Wertschätzung läßt deswegen noch lange nicht nach; in einem vermutlich

---

12 Vgl. Thomas Hansen, „Arno Schmidt as Poe Scholar“, in Timm Menke (Hg.), *Arno Schmidt am Pazifik. Deutsch-amerikanische Blicke auf sein Werk* (München: edition text + kritik 1992), S. 110-121, hier S. 113.

13 Vgl. Arno Schmidt, „Schwarze Spiegel“, a.a.O., S. 258.

14 Vgl. Arno Schmidt, *Die Gelehrtenrepublik. Kurzroman aus den Roßbreiten*, in Bargfelder Ausgabe, Bd. I/2 (Zürich: Haffmans 1986), S. 221-349, hier S. 315.

15 Arno Schmidt, *Fouqué und einige seiner Zeitgenossen*, Bargfelder Ausgabe, Bd. III/1 (Zürich: Haffmans 1993), S. 148.

1953 entstandenen Vorwort zu Coopers *Conanchet* spricht Schmidt vom „Allesspürer Poe“[16].

Nun wäre Schmidt nicht Schmidt, wenn er es dabei beließe. Zwar war Schmidt, der nie hatte studieren können, immer der Meinung, Professoren hätten von Literatur grundsätzlich keine Ahnung, aber er liebte es doch, sich schlauer als die Professoren zu geben und als eine Art Privatgelehrter hervorzutun. Gelegenheit, als Poe-Kenner zu glänzen, geben ihm die Radio-Essays, die er ab Mitte der 50er Jahre schreibt. In seinem Funkdialog über Johann Gottfried Schnabel führt Schmidt, wie er glaubt, den Nachweis, Poe habe sich von Schnabel anregen lassen[17], und im Leopold-Schefer-Essay konstruiert er ebenso einen Einfluß Schefers auf Poe[18] – alles Dinge, von denen die Herren Professoren noch nie gehört hatten. Zu deren Ehrenrettung sei allerdings hinzugefügt, daß Schmidts Entdeckungen, um es vorsichtig auszudrücken, mit recht schwacher Beweiskraft daherkommen.[19] Einmal immerhin trifft Schmidt doch fast ins Schwarze, nämlich in seinem Essay „Der Fall Ascher“, in dem er eine weitere obskure Quelle Poes ausgräbt: den deutschen Kolportage-Schriftsteller Heinrich Clauren. Bevor Schmidt diese Entdeckung preisgibt, kanzelt er erst einmal wieder die akademische Forschung ab:

---

[16] Arno Schmidt, „Vorwort zur Übersetzung von James Fenimore Cooper: »Conanchet oder die Beweinte von Wish-Ton-Wish«“, in *Fragmente. Prosa, Dialoge, Essays, Autobiografisches*, Bargfelder Ausgabe, Supplemente, Bd. 1 (Frankfurt a.M.: Suhrkamp 2003), S. 246 f., hier S. 247.

[17] Vgl. Arno Schmidt, „Herrn Schnabels Spur. Vom Gesetz der Tristaniten“, in Bargfelder Ausgabe, Bd. II/1 (Zürich: Haffmans 1990), S. 235-264, hier S. 238.

[18] Vgl. Arno Schmidt, „Der Waldbrand. Vom Grinsen des Weisen“, in Bargfelder Ausgabe, Bd. II/2 (Zürich: Haffmans 1990), S. 333-365, hier S. 362.

[19] Vgl. Hansen, „Arno Schmidt as Poe Scholar“, a.a.O., S. 115 f.

An Voraussetzungen, die ich aus Gründen des Raums & meiner Arbeitszeit machen muß, nur eine: ich werde im Folgenden für gewiß annehmen, daß jeder Leser vertraut sei mit POE's ‹The Fall of the House of Usher›, einem der Wunder westlicher Literatur.

Mit welchem ‹vertraut› sogleich im Widerspruch zu stehen scheint, daß der Verlag Walter=Olten sich mächtig anschickt, dem Publikum eine neue POE=Übersetzung vorzulegen; folglich muß mir, einem der Hauptbeteiligten, die Beteuerung erlaubt sein, daß es sich gar nicht um ‹moutarde après le diner› handelt – im Gegenteil: was bisher serviert wurde, war Senf – und auch der Stand der Forschung sei kurz & grell angeleuchtet, indem ich die offiziösen ‹Key Writings› des Verlags Hill & Wang vorstelle; einen Paperback, auf dessen 563 S. der USA=Weisheit letzter Schluß aus 110 Jahren POE=Filologie etwa so kondensiert ist (S. 514): ‹eine Quelle für das House of Usher ist nicht bekannt›; ‹Vigiliae Mortuorum – das hier gemeinte Werk konnte nicht ermittelt werden›; ‹TIECK, berühmter deutscher Dichter; die von POE zitierte Voyage into the blue distance war noch nicht zu identifizieren› usw. – dabei hätte 1 Blick in den geringsten Goedeke hingereicht, um zu erfahren, daß TIECK tatsächlich eine ‹Reise ins Blaue hinein› geschrieben hat. Auf der andern Seite ist das, was den Kommentatoren, Craig und Alterton ihre Namen, selbstverständlich erscheint, nichts weniger als dieses. Da POE mehrmals einen ‹nubian geographer› erwähnt, plappert's (S. 517) gleich flott los: ‹jener berühmte Claudius Ptolemäus ...›; dabei ist es so wenig Ptolemäus, daß es sich vielmehr schon wieder um Edrisi handelt. Besagte Summa weist nämlich nicht nur einzelne Imperfektheiten auf; sondern besteht überwiegend aus gelehrtem Wind: *die POE=Forschung hat noch nicht*

> *begonnen!* Es widerstrebt mir, primitive Völkerschaften wie USA und UDSSR in ihrer noch pubertären Nacktheit bloßzustellen, – aber ab & zu können sie es getrost einmal hören: wohl gehört ‹Die Zukunft› (was immer das auch sein möge) einwandfrei ihnen; auf politischem Gebiet, in den Naturwissenschaften, schweigen wir ganz vom ‹Sport›. Aber was Geisteswissenschaften anbelangt, sind sie noch ‹hinten etwas kurz›; noch beträgt das Volumen der diesbezüglichen europäischen Leistungen ein Vielfaches von dem der beiden Genannten zusammen; hier brauchen wir noch gar nicht zu resignieren.[20]

Nicht zu resignieren braucht bei solcher Schelte allerdings auch die amerikanische Poe-Forschung: Schmidt hatte in der Eile übersehen, daß der geschmähte, vermeintlich aktuelle Band bloß der Nachdruck eines Werkes von 1935 war und keineswegs den neuesten Wissensstand wiedergab.[21] Sei's drum – nach der obligatorischen Professorenschelte kommt Schmidt zur Sache:

> EDGAR POE, gänzlich aus europäischer Tradition heraus schreibend, war notorisch gut vertraut mit der deutschen Literatur kurz nach 1800; der für ihn also zeitgenössischen. Von FOUQUÉ kannte er ‹Thiodolf den Isländer›, heute entlegenste Lektüre; der verehrten ‹Undine› hat er mehrere Studien gewidmet, und mit seinem unvergleichlichen Spürsinn aufgrund ‹innerer Indizien› herausmeditiert, daß es sich um ein Autobiograficum handeln müsse. Daß er TIECK schätzte, ergibt sich aus unserm ‹Ascher›; ja, noch mehr; nämlich dies: daß er ein 1835 erschienenes ausländisches

---

[20] Arno Schmidt, „Der Fall Ascher", in Bargfelder Ausgabe, Bd. III/4 (Zürich: Haffmans 1995), S. 351-360, hier S. 351 f.

[21] Vgl. Hansen, „Arno Schmidt as Poe Scholar", a.a.O., S. 117.

> Buch nur 4 Jahre später bereits gelesen, es sofort richtig beurteilt & öffentlich empfohlen hat. Und wie er selbst die deutsche Trivialliteratur, die auch bei uns viel zu voreilig in die Ecke abgestellte, gekannt hat, sei nunmehr an einem weiteren Beispiel dargetan. 1812 erschien in dem Taschenbuch ‹Erholungen› die kurze Erzählung von H. CLAUREN, ‹Das Raubschloß› [...].[22]

Es folgt ein langatmiger Inhaltsvergleich, den wir uns hier ersparen; wichtiger ist Schmidts Fazit samt den Folgerungen:

> Ergebnis: die Identität der Fabel & des Details ist geradezu niederknüppelnd; die für den stillen Umbildner typischen psychischen Mechanismen sind nachweisbar. (Ei verflucht, schreibt sich das schwer, daß POE ein Dieb sey!) –
>
> [...]
>
> Und er war natürlich auch nichts weniger, als ein gemeiner Langfinger! Denn wenn man nunmehr, nach erfolgter mikroskopischer Anatomie, wieder zurücktritt und sich die beiden Stücke betrachtet, was erblickt man unverändert? –: auf der einen Seite einen eilfertigen & platten Pfuscher CL, (der übrigens Münter rüstig ausgeschrieben hat); auf der andern den Großmeister unserer Zunft, (der, wie jedes ‹Heavyweight›, eben auch im ‹Nehmen› groß war). Ob schon das Primat einwandfrei CLAUREN gehört, und es sich bei POE nicht um ein bloßes kryptomnetisches Versehen handeln kann – vielmehr um ein sich deutlich & mehrfach wiederholendes, asymptotisches Heranschlängeln an eine Vorlage; jedesmal, wie billig, gefolgt von einem schroffen Ausbrechen, (wenn's gar zu ähnlich zu geraten drohte) – so sei doch eines ausdrücklich betont,

---

[22] Schmidt, „Der Fall Ascher“, a.a.O., S. 355.

nämlich daß hier nur ein immer, und zu Recht wiederkehrender Vorgang vorliegt. Muß man doch unterscheiden, zwischen dem nackt=brutalen Plagiat des geistig Armen; zwischen Entlehnung (‹Lehnwort›) oder auch nur zufälliger Übereinstimmung; zwischen einer Umbildung, und eben jener, es unvergleichlich besser machenden Zweitformung; gemäß deren etwa aus einer wenig erbringenden beiläufigen Notiz LUKIAN's der ‹Zauberlehrling› GOETHE's entsteht, oder aus BENEDICTE NAUBERT's ‹Thekla von Thurn› eine ganze Episode in SCHILLER's ‹Wallenstein›: was wäre ein Diamant von 186 Karat, ungeschliffen & 100 Meter tief in der Erde? Sorgsam poliert, meisterlich gefaßt, und im Stirnband des Schah=in=Schah nennt man das gleiche Objekt dann ‹Koh=i=Nur›, den ‹Berg des Lichts›.

Denn CLAUREN hat das Thema nicht annähernd auszuthrillern verstanden. Seine Fabel hat keinen Faden, sondern besteht aus zusammengelaufenen Einfällen, während bei POE ein sauberes Fachwerk sichtbar wird; CL's gruselig sein sollendes Rankenwerk wirkt nur gemütlich=kribbelnd im Vergleich mit POE's sinistrer Garrottier=Technik; und was gar die beiden Wortschätzchen anbelangt – tja, da tänzelt eben auf deutscher Seite ein rundlich=gewäschiges Ding in Barchentunterhosen rum; während im englischen eine ‹Phtah=ta=te=eta› à la Flickenschildt auf den Lieben Leser zu todtentanzt. CL hat überhaupt nicht gewußt, was für einen Stoff er in der Hand hatte; worauf er ihm sogleich, und das geschah ihm recht, zu einer Feuilleton=Schnurre entartete; während POE, unnachahmlicher sicherer Hand, seine Rabenfeder von Anfang an in ‹earthquake & eclipse› stippte.

Trotzdem ist es unerläßlich=wichtig, dies Dahinterblenden, dies Inbeziehungsetzen zur Tradition, dies

> Anknüpfen an das Große Gewebe, an dem wir Alle arbeiten; ja, es erhöht imgrunde den Lesegenuß, in so bedeutsamen Fällen einmal die Text=Entmischung vorgenommen zu haben, eine Quellenscheidung, die in letzter Instanz POE's Verdienste nur immer strahlender herausstellen wird. (Eine weitere Serie, wenn auch leichterer Farbtüpfelchen hat IRVING's Skizze ‹Westminster Abbey› geliefert).[23]

Wenn Schmidt mit diesem Essay Einlaß in die Reihen der Poe-Forscher bekommen wollte, so hat er sein Ziel erreicht – wenn auch erst nach seinem Tode. Vor einigen Jahren wurde „Der Fall Ascher" ins Englische übersetzt und in einer amerikanischen Fachzeitschrift abgedruckt[24], woraus sich eine rege Kontroverse entwickelte. Daß es einen Zusammenhang zwischen Claurens „Raubschloß" und Poes „House of Usher" geben mußte, war nach Schmidts Beweisführung nicht zu bezweifeln; schwerlich zu halten war hingegen Schmidts Behauptung, Poe habe sich in der zeitgenössischen deutschen Literatur ausgekannt, und so blieben die Zusammenhänge einigermaßen rätselhaft, bis der amerikanische Literaturwissenschaftler Thomas Hansen in einer vergilbten schottischen Zeitschrift das fehlende Kettenglied aufstöberte: ein anonymes Plagiat von Claurens Text in englischer Sprache, das Poe zu Augen gekommen sein muß.[25]

Hansen, der beste Kenner des Zusammenhangs zwischen Poe und Schmidt, erkennt Arno Schmidts Leistungen als

---

23 Ebd., S. 358 f.

24 Vgl. Arno Schmidt, „The Ascher Case", üb. u. mit Anm. v. Thomas Ringmayr, in *Southern Humanities Review*, Jg. XXIV, Nr. 4, Herbst 1990, S. 323-336.

25 Vgl. Thomas Hansen, „Poe's German Source for 'The Fall of the House of Usher': The Arno Schmidt Connection", in *Southern Humanities Review*, Jg. XXVI, Nr. 2, Frühjahr 1992, S. 101-112.

detektivischer Spurensucher ausdrücklich an, warnt aber davor, ihn als Poe-Gelehrten zu betrachten und die Elle der Wissenschaftlichkeit an seine Essays anzulegen. Schmidts Umgang mit Poe sei der eines unakademischen Connaisseurs, der sich das Werk des andern anverwandelt.[26] Wie recht Hansen damit hat, zeigt sich nicht zuletzt an der Poe-Übersetzung, die Arno Schmidt in den 60er Jahren erstellt. Die Initiative dazu geht offenbar vom Goverts-Verlag (für den Schmidt seine Übersetzung von Coopers *Conanchet* überarbeiten darf) aus; im August 1961 klagt Schmidt in einem Brief an seinen Freund Willhelm Michels: „Daß GOVERTS mich in seinen Prospekt als Übersetzer des kompletten POE eingedruckt hat, ist eine Frechheit – ich hätte nicht übel Lust, öffentlich zu protestieren!“[27] Ende 1963 wird der Vertrag über eine solche Übersetzung allerdings dann doch geschlossen (freilich mit dem Walter-Verlag, zu dem der zuständige Goverts-Lektor gewechselt ist), und wenige Tage vor Weihnachten jenes Jahres schreibt Schmidt frisch bei der Arbeit daran an Michels:

> Ich=selbst sitze, mit einem Kopf wie ein Portable, über der POE=Übersetzung. Schon ist das Haus der Usher ein Fertig=Haus; schon ist das 100=Seiten=Stück vom ‚Julius Rodman‘ zur Hälfte übertragen, in einer Art, Du – – also das’ss gar keine Übertragung mehr! Trotzdem ist die Ähnlichkeit mit dem Original immer noch frappierend.[28]

---

26 Vgl. Hansen, „Arno Schmidt as Poe Scholar“, a.a.O., S. 111.

27 Arno Schmidt, *Der Briefwechsel mit Wilhelm Michels. Mit einigen Briefen von und an Elfriede Bokelmann, Erika Michels und Alice Schmidt*, hg. v. Bernd Rauschenbach (Zürich: Haffmans 1987), S. 211 (Brief Nr. 228 v. 30.8.61).

28 Ebd., S. 272 f. (Brief Nr. 298 v. 19.12.63).

Die Arbeit schreitet, wie Schmidts Briefwechsel zeigt, recht munter voran. Ende Januar 1964 ist Schmidt, wie er seinem Mitübersetzer Hans Wollschläger mitteilt, „eben mit dem ‚Julius Rodman' fertig"[29]; im Dezember 1964 ist er „mitten im ‚GORDON PYM'"[30]; am 12. März 1965 ist er auch damit fertig und kann frohlocken: „Jetzt kommt vermutlich noch eine kurze Rezension. Dann ran an's letzte Po=Stück Heureka (das Der vermutlich ‚Júrika' ausgesprochen haben wird)"[31] – und dann kommt die Arbeit am Monstrum *Zettel's Traum*, jenem Überroman, in dem es vor allem um Poe (und eine Demontage Poes) geht.

Nicht nur *Zettel's Traum*, sondern auch schon Schmidts Übersetzungsarbeit für die Poe-Werkausgabe des Walter-Verlags steht längst nicht mehr unter dem Stern unkritischer Bewunderung. Schmidt hat sich aus dem Fahrwasser der Vorlieben seiner Jugendzeit freigeschwommen und orientiert sich inzwischen an Autoren wie Lewis Carroll und vor allem James Joyce; hinzu kommt der Einfluß von Sigmund Freud. Edgar Allan Poe ergeht es zwar nicht ganz so schlimm wie einem anderen Schmidtschen Jugendschwarm, Karl May nämlich, den Schmidt in seinem Buch *Sitara und der Weg dorthin* in Grund und Boden analysiert; ganz unversehrt kommt aber auch Poe nicht davon. Gestützt auf die Psychoanalyse Freuds, entdeckt Schmidt in Poe einen Autor, der gänzlich dem Einfluß des Unbewußten erliege, und diagnostiziert sexuelle Verdrängungen von ungeheurem Ausmaß. Der

---

[29] Arno Schmidt, Brief an Hans Wollschläger v. 22.1.64, in Jörg Drews (Hg.), „Ausstellung zu Leben und Werk Arno Schmidts in der Universitätsbibliothek Bielefeld: Katalog und Dokumentation", in *Bargfelder Bote*, Lfg. 110-112 / Januar 1987, S. 3-41, hier S. 15.

[30] Schmidt, *Der Briefwechsel mit Wilhelm Michels*, a.a.O., S. 286 (Brief Nr. 316 v. 15.12.64).

[31] Ebd., S. 291 (Brief Nr. 323 v. 12.3.65).

Ort, an dem diese Analyse stattfindet, ist der Romankoloß *Zettel's Traum*, der 1969 fertiggestellt wird und 1970 erscheint.

Kurz vor der Veröffentlichung des Romans gibt Arno Schmidt ein Rundfunkinterview, aus dem eingangs bereits ein kleiner Ausschnitt zitiert wurde. In dem Interview erläutert Schmidt Struktur und Inhalt des in drei Spalten geschriebenen Buches. Die folgenden Ausschnitte aus Arno Schmidts freier Rede umreißen die Rolle, die Edgar Allan Poe dabei spielt:

> *Die Zeit.* Das Buch spielt an *einem* Julitage, von morgens, um halb 4, bis zum nächsten Morgen um halb 4. Das heißt die reale M ... daß die reale – Mitte: die MittelKolumne. Der rechte Rand ist mehr oder weniger zeitlos, der linke Rand gehört EDGAR POE.
>
> *Der Ort* – ist in der Mitte der Landkreis CELLE (ich bin ja nu mal ein Heidedichter, allerdings etwas anderer Art als Fritz von der Leine, nich?) Der rechte wechselt; links ist Ame ... das Amerika der Jahre 1830-40 etwa.
>
> Nichtabgesehen von rund 20 Neben= und weiteren 100 Nebstgestaltchen etwa gibt es *Sechs – Hauptpersonen.* Korrekter: dreimal Zwei, oder noch korrekter: drei Pärchen; von denen allerdings eines unsichtbar ist. – Das sind: einmal Paul & Wilma Jacobi, ein Übersetzerehepaar, bei denen natürlich gerade POE dran ist. Dann ihre 16-jährige Tochter Franziska. Und der Erste-Person-Präsens-Held des Buches, er heißt Herr Pagenstecher, Daniel mit Vornamen. – Und endlich drittens, eine Schulfreundin Franziskas: Christa, der EDGAR POE – zugeordnet scheint. Es mußten sehr junge Dingerchen sein da POE ja seine Virginia heiratete, da war sie 13.[32]

[32] Schmidt, *Vorläufiges zu Zettels Traum*, a.a.O., S. 36 f.

Zettel's Traum besteht aus acht Büchern. Von besonderer Bedeutung für den Poe-Komplex sind die Bücher 1, 2 und 6:

Das Erste Buch heißt: ›*Das Schauerfeld oder die Sprache von Tsalal.*‹

Tsalal, das ist – dieses Schwarzinselland was sich EDGAR POE erfunden hat, am Südpol, wohin er seinen GORDON PYM gelangen läßt.

Man hat viel darüber gerätselt was das sein mag dabei ist es überaus einfach. Eines der damaligen interessanten Zeitprobleme war das, wohin die 10 verlorenen Stämme Judas gelangt sein könnten. Das ganze BUCH MORMON zum Beispiel, die Mormonenbibel – ist darauf begründet und schildert das in 600 Seiten wie in zwei Wellen von Palästina her, die States drüben besiedelt wurden. Man wird das bei SCOTT finden, auch bei COOPER, und dieses Tsalal ist eben EDGAR POE's Lösung der Hypothese. – Seine Sprache von Tsalal ist nämlich ein korrumpiertes Hebräisch, absichtlich versehen mit diesen reduplizierenden Endungen der Südseesprachen.

Aber das ist wie gesagt nur eine Schicht denn – – es sind immer – bei POE mehrere, 3 oder 4 – Ebenen, die sich – überdecken.

Auf einer anderen Ebene ist es zum Beispiel – das Niggerviertel von New York: Haarlem. Man erkennt es zum Beispiel an den hochbeinigen Schweinen die dort überall herumwimmeln die ich vorhin schon erwähnte.

In diesem Ersten Buch mache ich mir – den Spaß nun ich mache alle Verwandlungen mit, die Helden werden hier – in Pferde einmal transformiert.

Das Zweite Buch heißt ›*In Gesellschaft von Bäumen*‹ – – und EDGAR POE's hauptsächlichstes Werk was hier behandelt wird ist der RODMAN, der bisher ziemlich verachtete. Das ist nämlich ein Buch – wo

> (ich erwähnte es vorhin schon) die Menschen in Tiere oder Pflanzen verwandelt erscheinen. Er hat das natürlich unbewußt gemacht ohne den Trick selbst zu ahnen – aber man muß es getrost OVID's METAMORPHOSEN an die Seite stellen.[33] [...]
>
> Das Sechste Buch trägt den Titel: *»Rohrfrei!«*
>
> Es muß nämlich – das Klo – geleert werden, das geht auf dem Lande – etwas komplizierter vor sich. Es muß nämlich die Grube, die mit Betonbalken abgedeckt ist, ausgegraben werden, die Pumpe angesetzt – wollte's der Teufel, wollt es daß die Pumpe die Marke: HEUREKA trug – also mehr konnte ich mir ja eigentlich nicht wünschen: denn EDGAR POE hat ja auch eine HEUREKA geschrieben, das ist sein großes letztes astronomisches Werk. Es waren feinste Beobachtungen aus Sickergruben natürlich möglich, in deren – überwältigend parallelem Zuge sich dann ergeben hat, daß POE nun *leider* ein KloVoyeur gewesen sein muß.[34]

Poe als „KloVoyeur" – das erinnert doch stark an den drastischen Witz, den sich Schmidt zwei Jahrzehnte zuvor mit dem „WC-Neumann" erlaubt hat, nur mit dem Unterschied, daß Schmidt jetzt eben statt auf den ungeliebten Übersetzer auf den ehedem geliebten Dichter einschlägt.

Daß Schmidt mit dem Idol seiner Jünglingsjahre auch das Schwärmertum der eigenen Vergangenheit nachträglich auf eher unlautere Ur-Gründe zurückführt, gehört zu den intrikaten Begleitumständen des angewandten Analyseverfahrens und ist von Schmidt durchaus mitgedacht. Bei alledem ist der Zauber, der einmal von Poes Texten ausging, allerdings nicht vollends diskreditiert; bisweilen bricht er sich für Momente doch wieder Bahn, das zeigen manche der eingestreuten lyrischen Proben, etwa Poes

---

33 Ebd., S. 44 f.

34 Ebd., S. 53.

Gedicht „Das Thal Nis“, dessen Eindeutschung Arno Schmidt in *Vorläufiges zu Zettels Traum* nicht ohne Stolz verlesen hat.

2. „Mann nur des Materials“ oder „naughty bum puh“: James Fenimore Cooper

Für die naheliegende Vermutung, daß Schmidt auch Cooper bereits in früher Jugend gelesen und geschätzt hat, gibt es keine direkten Belege in seinem Werk, aber immerhin hat sich seine Schwester erinnert: „He loved Karl May. He loved, uh... Cooper, very much so“[35]. Unbekannt ist, ob es sich dabei nur um die jugendübliche Lektüre der *Lederstrumpf*-Romane – womöglich in zweifelhaften Textbearbeitungen – gehandelt hat, oder ob Schmidt größere Teile des Cooperschen Werks kennenlernte; ebenso ungeklärt ist, ob Schmidt Cooper vor dem Krieg nur auf deutsch oder (was allerdings eher unwahrscheinlich scheint) auch im englischsprachigen Original gelesen hat. In den Juvenilia sowie den zugänglichen Lebenszeugnissen Arno Schmidts bis 1954 findet sich erstaunlicherweise nicht der geringste Hinweis auf Cooper (der im Fragment „Die Insel“ von 1937 erstmals auftauchende Ausdruck „indian summer“[36], der an Cooper denken lassen könnte, dürfte tatsächlich auf De Quincey zurückgehen[37]), auch in den erhaltenen Teilen der Bücherpacklisten, die Schmidt Anfang 1945 vor der Flucht aus Schlesien erstellte, kommt Cooper nicht vor.

---

35 „Erinnerungen meiner Schwester“, in Ernst Krawehl (Hg.), Porträt einer Klasse. Arno Schmidt zum Gedenken (Frankfurt a.M.: S.Fischer 1982), S. 212-347, hier S. 289); vgl. auch ebd., S. 291.

36 Arno Schmidt, „Die Insel“, in Bargfelder Ausgabe, Bd. I/4, a.a.O., S. 185-237, hier S. 204 (versehen mit dem Zusatz „hatten sie in schottland“).

37 Vgl. Thomas De Quincey, *Confessions of an English Opium-Eater* (Harmondsworth: Penguin 1997), S. 140.

Auch ist Cooper in den *Dichtergesprächen im Elysium*, die ansonsten sämtliche Lieblingsautoren Schmidts versammeln, weder als Figur noch in Anspielungen präsent; allerdings gilt dies ebenso für einen anderen erklärten frühen Liebling Schmidts, nämlich Karl May – es könnte sein, daß Schmidt anfangs der 40er Jahre, als er die *Dichtergespräche* schrieb, stärker als späterhin zwischen Hochliteratur und dem, was er damals für Jugend- und Trivialliteratur gehalten haben mag, unterschied und seinen Schwärmereien aus früher Jugend den Einzug ins literarische Elysium nicht gestatten mochte.

Dafür, daß er dennoch schon vor 1945 in der Tat mehr als den *Lederstrumpf* gekannt hat, sprechen immerhin die Verweise auf Cooper, die sich gleich nach 1945 in Schmidts ersten Nachkriegstexten finden. In „Enthymesis oder W.I.E.H.", im Februar 1946 geschrieben, ist die Beschreibung einer Kraterlandschaft höchstwahrscheinlich durch einen sehr ähnlichen Krater in Coopers Roman *Mark's Reef* angeregt[38]; in der im Oktober 1946 entstandenen nächsten Erzählung „Leviathan oder Die beste der Welten" wird das Bibelwort „Der Herr hat's gegeben; der Herr hat's genommen"[39] auf ähnlich sarkastische Weisung verwendet wie in Coopers Roman *Conanchet*[40], und auf etwa kryptische Weise lanciert Schmidt hier auch schon seine spätere Lieblingsthese, Coopers *Deerslayer* sei von Stifter plagiiert worden: „Cooper fiel mir ein (also auch der »Hochwald«)"[41].

Vielleicht ist Schmidts Schwester Luzie (der immerhin die „Enthymesis"-Erzählung gewidmet ist) an alldem

---

38 Vgl. Dieter Kuhn, „Heute lesen wir ‚Enthymesis'", in *Bargfelder Bote*, Lfg. 296 / Februar 2007, S. 3-13, hier S. 7 f.

39 Arno Schmidt, „Leviathan oder Die beste der Welten", in Bargfelder Ausgabe, Bd. I/1, a.a.O., S. 33-54, hier S. 43.

40 Vgl. Kuhn, „Heute lesen wir ‚Enthymesis'", a.a.O., S. 16.

41 Schmidt, „Leviathan oder Die beste der Welten", a.a.O., S. 41.

nicht ganz unschuldig. Gleich nach dem Krieg beginnt sie, Schmidt Hilfspakete mit Lebensmitteln und Waren des täglichen Bedarfs, aber auch mit Lesestoff zu schicken, und dieser Lesestoff scheint zu nicht geringen Teilen aus Cooper-Bänden bestanden zu haben. Es mag sein, daß Schmidt ausdrücklich um Cooper gebeten hat; wenn sich Luzie Kiesler – wie oben zitiert – noch in den 70er Jahren daran erinnerte, Schmidt habe in seiner Jugend begeistert Cooper gelesen, so wird sie sich immerhin auch in den Jahren ab 1945 bereits daran erinnert haben und könnte von sich aus auf die Idee gekommen sein, Cooper-Bände in ihre Pakete zu packen. Was genau Schmidt wann bekam, ist leider nur zum Teil bekannt, da Schmidts Frau Alice erst 1948 damit begann, Tagebuch zu führen; für die Folgezeit lassen sich dann folgende Cooper-Eingänge aus Amerika festhalten[42]:

- 1948 *The Spy*
- 22.11.1950 *The Heidenmauer*, *The Headsman*, *The Spy* (erneut?)
- 1951 *The Chainbearer*, *The Redskins*, außerdem die Biographie *James Fenimore Cooper* von Thomas R. Lounsbury

Gleichzeitig verschafft sich Schmidt aber – zum Teil im Tausch gegen Bücher, die er fortgibt – auch deutsche Ausgaben vieler Cooper-Bände, so etwa am 21. Novem-

---

[42] Angaben nach den Erwerbseinträgen in Dieter Gätjens, *Die Bibliothek Arno Schmidts. Ein kommentiertes Verzeichnis seiner Bücher* (Zürich: Haffmans 1991), neue Ausgabe, durchges. u. erw. v. Günter Jürgensmeier (Bargfeld: Arno Schmidt Stiftung 2003; im Internet: www.arno-schmidt-stiftung.de/Archiv/Bibliotheksverzeichnis.html), Nr. 511.17-53, sowie aus Unterlagen der Arno Schmidt Stiftung, Bargfeld. Ich danke Susanne Fischer für die Mitteilung von Anschaffungs- und Leselisten, ebenso für Packlisten Arno und Alice Schmidts aus der Zeit ihrer Flucht aus Schlesien.

ber 1949 gleich sechs Bände: *Die Beweinte von Wish-Ton-Wish*, *Der Letzte der Mohikaner*, *Lionel Lincoln*, *Der Pfadfinder*, *Die Prärie* und *Die Wassernixe*. Arno Schmidt liest die englischsprachigen Bände meist still für sich (so 1950 zumindest die Romane *The Deerslayer*, *The Oak-Openings*, *The Spy* und *Wyandotté*), während die deutschen Übersetzungen oft abendliche Vorleselektüre von Arno und Alice Schmidt sind (beispielsweise 1949 *Die Wassernixe*, 1950 *Die Beweinte von Wish-Ton-Wish*). Besonders bei den abendlichen Cooper-Vorlesungen ist das Ehepaar Schmidt begeistert bei der Sache. Während der Lesung der *Wassernixe* im Dezember 1949 wird allabendlich gemutmaßt, wie die Handlung wohl weitergehen könne, und nach der gemeinsamen Lektüre mehrerer *Leatherstocking*-Romane 1954 erstellt Arno Schmidt in lebhafter Diskussion eine Rangliste, derzufolge *The Prairie* Coopers ‚bester' und *The Deerslayer* sein ‚zweitbester' Roman (zumindest der Serie) sei, während seine Frau den Zieleinlauf gerade andersherum sieht[43].

Soviel Lektüreeinsatz kann natürlich bei Arno Schmidt nicht ohne produktive Folgen bleiben. Nicht nur flicht er in fast alle seine Texte der frühen 50er Jahre immer wieder Anspielungen und Lobeshymnen auf Cooper ein, sondern im Rahmen seiner Übersetzertätigkeit für den Rowohlt-Verlag (die sich ansonsten auf reißerische Unterhaltungsliteratur, die Schmidt verabscheut, beschränkt) erhält er den Auftrag, eine Neuübersetzung von Coopers *Conanchet oder die Beweinte von Wish-Ton-Wish* anzufertigen. Diesen Auftrag erledigt Schmidt von Januar bis März 1953 und schreibt dann auch noch ein kurzes Vorwort, in dem er darlegt, warum er Cooper so sehr schätzt:

---

[43] Vgl. Alice Schmidt, *Tagebuch aus dem Jahr 1954*, hg. v. Susanne Fischer (Frankfurt a.M.: Suhrkamp 2004), S. 239 (Eintrag v. 14.11.54).

In seinem fünfbändigen ›Lederstrumpf‹ hat er der Weltliteratur einen ihrer ganz großen Archetypen geschenkt – dem Kenner durchaus gleichwertig mit Gulliver, Ahasver, Parzival – den Mann der Wälder, der in der Luft der Siedlungen, bei den ›umbrella=people‹, nicht atmen kann; ein Gemüt, so einfach gefügt, daß es schon wieder an Tiefsinn grenzt, redlich, männlich, verdüstert, wie sein Schöpfer selbst. Wie ungeheuer die Wirkung war, mag uns, ein Beispiel für unzählige, Stifters ›Hochwald‹ belegen, der weiter nichts als eine Abbreviatur des ›Deerslayer‹ ist. Andere Kronzeugen sind Balzac, Poe, Scott, Hauff, Stevenson – die Hyperbel vom ›Letzten der Mohikaner‹ ist heute noch gängige Wortmünze.

[...] Niemand war zur kulturgeschichtlichen Schilderung bis in die feinsten Interieurs hinein so berufen wie er, der als Knabe im rauhen Erstsettlement unter Backwoodsmen aufgewachsen war; und den wie keinen Zweiten lebendigste Familientradition mit allen ›Privataltertümern‹ des Staates New York verband. Die Trilogie der sogenannten ›Littlepage Manuscripts‹ (vor allem ihre beiden ersten Teile, ›Satanstoe‹ und ›Chainbearer‹) ist – fast noch über den ›Lederstrumpf‹ hinaus – wohl das Dichteste und Gewichtigste, was er je geschrieben hat. Noch wären daneben zu nennen der ›Spion‹, ›Wyandotté‹, ›Marks Riff‹. Unvergängliche zeitsatirische Züge fixieren ›Homeward Bound‹ und ›Home as found‹; oder die grandios=witzigen ›Monikins‹, die Entrüstungsstürme der Yankees gegen ihn entfesselten, und ihn zum bestgehaßten Mann der USA machten.

Unter den einbändigen Werken nimmt die vorliegende ›Beweinte von Wish=ton=Wish‹ (1829) den ersten Rang ein; für den Allesspürer Poe war Cooper immer nur der Autor des ›Conanchet‹, wie der Held des großen, pflanzenhaft=langsamen Buches heißt. Voll von

Zeichen der Einsamkeit bedarf es keiner fliegenhaft= surrenden ›Handlung‹ im landläufigen Sinne; Cooper brauchte nur die frühe Geschichte der Pilgrimfathers abzuschreiben; den eigentlichen tragischen Stoff – und es konnte im Schnittpunkt zweier Kulturen nicht wohl anders sein – ergab die Familienchronik eines befreundeten Geistlichen. Die Gestalt William Goffe's, des ›Königsmörders‹, (eines der 3 Richter Karls des Ersten von England, die nach den Kolonien entkommen konnten) ist mit bancroftscher Treue gezeichnet.[44]

Hier benennt Schmidt nicht nur alle seine Cooper-Lieblingsbücher (und die jeweiligen Gründe seiner Hochschätzung), sondern schneidet kurzgefaßt auch alle Themen und Thesen an, die er in den kommenden Jahren und Jahrzehnten (meist weitaus wortreicher) mit dem Namen Cooper verbinden wird. Es sind dies im einzelnen folgende Punkte:

- die Lederstrumpf-Figur als eine der Archetypen der Menschheit;
- Coopers *Deerslayer* als Vorlage für Stifters *Hochwald*;
- Cooper als Meister der „Privataltertümer", der aber gleichzeitig historische und politische Entwicklungen mit der Zuverlässigkeit eines Historikers aufzuzeichnen und darzustellen verstehe;
- Coopers gerechtfertigte Kritik am eigenen Land, die ihn bei den Patrioten in Mißkredit bringt;
- Coopers Verzicht auf turbulente Handlung;
- die Darstellung des „Königsmörder"-Motivs in *Conanchet*.

[44] Schmidt, „Vorwort zur Übersetzung von James Fenimore Cooper: »Conanchet oder die Beweinte von Wish-Ton-Wish«", a.a.O., S. 246 f.

Schmidts Bild von Cooper und seine Konzeption von dessen Wert und literarischen Verdiensten scheint um diese Zeit weitgehend festzustehen; wesentliche Veränderungen wird es daran späterhin nicht mehr geben.

Schmidts *Conanchet*-Übersetzung wird von Rowohlt aus unbekannten Gründen nicht verwertet. Statt dessen entwickelt er nun andere Pläne. Als er sich (wie ernsthaft auch immer) im September 1953 mit Plänen trägt, zumindest zeitweilig in die Schweiz umzusiedeln, begründet er diese dem Schweizerischen Generalkonsulat gegenüber unter anderem damit, er wolle dort eine Biographie über Cooper (der sich längere Zeit in der Schweiz aufhielt) schreiben[45]; freilich wird weder aus dem Umzug in die Schweiz noch aus der Cooper-Biographie je etwas (ohnehin sind Behauptungen, die Schmidt in Schreiben an Behörden macht, keineswegs immer zum Nennwert zu nehmen, so daß offen bleiben muß, ob es sich um ein reales oder ein nur vorgeschobenes Schreibprojekt gehandelt hat).

Die biographischen Kenntnisse über Cooper, über die Schmidt inzwischen verfügt, setzt er zunächst nur in dem kurzen Zeitungsaufsatz „Siebzehn sind zuviel!“ um, den er 1954 schreibt. Dieser Aufsatz ist in weiten Teilen mit dem zuvor geschriebenen *Conanchet*-Vorwort identisch, vertieft aber den darin nur kurz angesprochenen Aspekt der historischen Akribie und Stimmigkeit:

> Für den Kenner interessant zu verfolgen ist auch seine Arbeitstechnik; wie er klug und ökonomisch, ganz methodischer Arbeiter, den Schauplatz regelmäßig abwechselnd aufs Meer und in die Wälder verlegte, zu weiser Schonung und Erholung der Phantasie. Alle

[45] Vgl. Dunker, Axel (Hg.), *Arno Schmidt (1914-1979). Katalog zu Leben und Werk* (München: edition text + kritik 1990), S. 70

> seine Romane sind nach sorgfältigen historischen Vorarbeiten entstanden, von deren Umfang uns seine Tochter in einem Falle berichtet hat: Im »Lionel Lincoln« benützte er selbstverständlich nicht nur die erreichbaren gedruckten Quellen, sondern sah mehrere tausend Blatt amtlicher und privater Urkunden durch; ja, er machte sich Auszüge aus den Kalendern und Wetterberichten jener Tage, um auch den kleinsten Umstand wirklichkeitsgetreu wiedergeben zu können! Noch heute gestehen die Fachhistoriker, daß sich dadurch in jenem Buch die lebendigsten und zugleich verläßlichsten Schilderungen der Gefechte von Concord Bridge, Lexington und Bunkers Hill finden, und wie die herrlichen alten Revolutionsnamen alle heißen. –[46]

Daß Schmidt zudem – unter Berufung auf Cooper – noch eine kleine Verlegerschelte in seinen Artikel einbaut, mag eine Reaktion auf den beklagenswerten Umstand sein, daß sein Verleger seine Cooper-Übersetzung nicht publizierte (und auch sonst zusehends unwilliger wurde).

1955 schreibt Schmidt mit „Satire und Mythos am Südpol“ einen weiteren kurzen Cooper-Aufsatz, der sich diesmal einem einzelnen Werk widmet, den im Conanchet-Vorwort kurz gestreiften *Monikins*, die Schmidt im Rahmen eines seiner beliebten Quellennachweise mit einem weiteren seiner Lieblingsbücher in Zusammenhang bringt, nämlich mit Poes *Gordon Pym*:

> Aber schon beträchtlich vor dem »Gordon Pym« waren am 9. 7. 1835 in Philadelphia, bei Carey, Lea & Blanchard, die »Monikins« erschienen; als ihr Verfasser zeichnete der mit Recht berühmte James Fenimore Cooper, der erste Amerikaner, der globalen Ruf erlangt

---

[46] Arno Schmidt, „Siebzehn sind zuviel!“, in Bargfelder Ausgabe, Bd. III/3, a.a.O., S. 109-111, hier S. 111.

> hatte. Das abstruse aber amüsante Buch wurde jedoch, seines schwer erträglichen Gemisches von Langweile und munterer Bosheit wegen, so schnell vergessen, daß schon 1882 Lounsbury, der erste Biograph Coopers, das Diktum wagen konnte, daß er seit des Verfassers Tode der Einzige sei, der es je ganz durchgelesen habe. Wenn das natürlich, wie alle dergleichen Gewaltsprüche, leicht übertrieben gewesen sein mag, – so viel steht unbestreitbar fest, daß diese »Monikins« zu den unbekanntesten Büchern überhaupt gehören. – Ein einziges Mal ist es auch ins Deutsche »übersetzt« worden; im Zuge einer Gesamtausgabe Coopers kam 1835 in Frankfurt bei Sauerländer die grauenhafte Übertragung heraus, ohne Übertreibung wohl die barbarischste Leistung unseres »Volkes der Mitte« in dieser Hinsicht: von der sprachlichen Ausrüstung des Übersetzers mag es einen Begriff geben, daß aus dem »Union-Jack« bei ihm ein Kleidungsstück namens »Unionsjacke« wird; sein Name verdient aufbehalten zu werden: er war Carl Friedrich Meurer, des alten Meurer Sohn.[47]

Die hier aufflammende Übersetzerschelte ist ein weiterer Aspekt, der in Schmidts Cooper-Kommentaren immer wieder auftauchen wird (nicht zuletzt wohl, weil Schmidt selbst sich als Cooper-Übersetzer ignoriert sieht); noch wichtiger ist aber etwas anderes – Schmidt sieht die *Monikins* in Coopers schriftstellerischer Entwicklung als ersten Höhepunkt in dessen „Dezennium intensivster Gesellschaftskritik“:

> Es ist fast rührend zu lesen, wie er noch ein Lustrum zuvor in den »Notions of a travelling Bachelor« sein amerikanisches Vaterland bewundernd den unwissen-

[47] Arno Schmidt, „Satire und Mythos am Südpol“, in Bargfelder Ausgabe, Bd. III/3, a.a.O., S. 184-187, hier S. 185 f.

> den Europäern vorstellt – und die Ernüchterung, als er, nach einem sechsjährigen, wohlangewandten Aufenthalt in der alten Welt mit ihren impressiv gesammelten Meisterwerken aller Künste, ihren überwältigenden historischen Traditionen, ihren Bauten vom Colosseum bis zum Straßburger Münster, nun kritisch in das auch damals schon ungemein selbstbewußte Gods own Country heimkehrt. Sogleich nimmt er – zuerst noch patriotisch warmherzig und voller Lehrereifer – die undankbare Aufgabe in Angriff, seine rauhbeinigen Landsleute zu »erziehen«; es soll hier nicht verfolgt werden, wie die Tollmannsarbeit zwangsläufig zu dem betrüblichsten Zerwürfnis zwischen einem großen Schriftsteller und seinem Volk führte, welches die gesamte Literaturgeschichte kennt (und in dem das Recht, nachdenklich genug zur Bewertung der Mehrheitstheorien, ganz auf Seiten des einen Mannes war; während sich die Gegenpartei, Leser wie Redakteure, wie boshafte Schuljungen benahmen – und so zwanglos weitere Belege für Coopers Theorie der amerikanischen Unreife lieferten). Jedenfalls sind die »Monikins« das erste Denkmal seines Feldzuges gegen Torheit und Korruption.[48]

Als Schmidt das schreibt, befindet er selbst sich auf der Höhe seines „Dezenniums intensivster Gesellschaftskritik", der Zeit von den späten 40er bis zu den späten 50er Jahren, und als verkannter und verfemter Schriftsteller (und Cooper-Übersetzer!) sieht er sich selbst in seinem „Zerwürfnis" mit „seinem Volke" in der Position dessen, der als heroischer Einzelner gegen die „Torheit" der Mehrheit und die „Korruption" der Mächtigen kämpft. Coopers Befunde über das Amerika des 19. Jahrhunderts

---

[48] Ebd., S. 186.

überträgt Schmidt also auf das Westdeutschland der 1950er Jahre. (Daß Cooper keineswegs nur Amerika, sondern ebenso Europa äußerst kritisch gesehen hat, übersieht oder verschweigt Schmidt seltsamerweise.[49]) Schmidts Versuch, ähnlich scharf gegen das eigene Vaterland zu schreiben, wie er dies bei Cooper erkennt, führt zur Niederschrift seines Romans *Das steinerne Herz* – und diese wiederum zu erheblichen Problemen mit diversen Verlagen, zu verlegerischer Zensur und dem eskalierenden Haß der veröffentlichten Meinung.

Als Schmidt just in dieser Phase, in der er sich von denen, die die Macht und die Mehrheit haben, ins Abseits gedrängt sieht und sich vergeblich um einen Verlag für die Übersetzung „eine[r] in Deutschland völlig unbekannte[n] große[n] Romantrilogie des alten Cooper (den mit dem Lederstrumpf, ganz recht!)“[50] bemüht, vom Funkredakteur Alfred Andersch aufgefordert wird, dialogisierte Texte für ihn zu schreiben, versucht Schmidt es zu allererst mit einem höspielartigen akustischen Kaleidoskop über Cooper: „Siebzehn sind zuviel! (James Fenimore Cooper)“; die Arbeit kann Andersch allerdings nicht überzeugen und wird nie gesendet. Die Anregung Anderschs, er möge den Text mit brisanten Thesen aufpeppen, weist Schmidt in einem Brief vom 14.8.55 zurück:

---

[49] Zur Rolle der Cooper-Rezeption in Schmidts Amerika- und Deutschland-Bild vgl. Stefan Höppner, *Zwischen Utopia und Neuer Welt. Die USA als Imaginationsraum in Arno Schmidts Erzählwerk* (Würzburg: Ergon 2005), S. 298-311.

[50] Arno Schmidt, *Briefe an Werner Steinberg. Mit einer einleitenden Rezension und einem Nachwort von Werner Steinberg* (Zürich: Haffmans 1985), S. 14 (Brief Nr. 2 v. 29.1.55); die „Romantrilogie“, um die es hier geht, ist jene *Littlepage*-Trilogie, die Schmidt dann in seinen letzten Lebensjahren doch noch übersetzen wird.

> Cooper ist der Mann nur des Materials, ohne alle formalen oder sprachlichen Ambitionen; man kann in ihn nichts nachtprogrammähnliches hineingeheimnissen, es seien denn interessante Fakten – und ich überlege noch, ob ich Ihnen da etwas schicken kann.[51]

Schmidt bemüht sich in der Folge nicht nur (wiewohl vergeblich), in seinem Briefwechsel mit Andersch immer auch Cooper im Gespräch zu halten, sondern erlaubt sich auch noch eine kleine Rache – als er Andersch schließlich für dessen Buch *Die Kirschen der Freiheit* lobt, kann er sich den Brückenschlag zu Cooper nicht verkneifen und wünscht sich von Andersch die Weiterführung der *Kirschen* ausdrücklich in der Hoffnung, daß dann

> unser ganzes Zeitalter vorbildlich demonstriert werden könnte. Das ist, kombiniert mit dem Eisenpulver Ihrer Sprache, etwas so Rares in der Literatur, daß ..... ja, es fällt mir im Augenblick tatsächlich nur noch 1 weiteres Beispiel ein (und das noch nicht mal in deutscher Zunge, beim alten Cooper).[52]

Etwa zur Zeit, da seine Hörfolge über Cooper von Andersch abgelehnt wird, beschreibt Schmidt in seinem Essay „Die Handlungsreisenden“ Cooper (zusammen mit Stifter und Poe) als hervorragendes Beispiel jener Autoren, die nicht auf turbulente Handlung, sondern auf präzise Wirklichkeitsabbildung zielen:

---

[51] Arno Schmidt, *Der Briefwechsel mit Alfred Andersch. Mit einigen Briefen von und an Gisela Andersch, Hans Magnus Enzensberger, Helmut Heißenbüttel und Alice Schmidt*, hg. v. Bernd Rauschenbach (Zürich: Haffmans 1985), S. 67 f. (Brief Nr. 67 v. 14.8.55). Vgl. auch ebd., S. 65: „Daß ich den Cooper nicht umarbeite, dürfen Sie nicht übelnehmen : C. ist kein Dichter; bei ihm liegt der Wert nicht in der Arbeit, sondern im Material)“ (Brief Nr. 65 v. 30.7.55).

[52] Ebd., S. 106 (Brief Nr. 115 v. 23.12.56).

> Die Einen verabscheuen die Mathematik (oder präziser: haben kein Organ dafür; aber das geben sie nicht zu, sondern beweisen lieber, daß man sie verabscheuen müsse). Die Anderen – etwa Stifter, Cooper, Poe – beherrschen sie, und gewinnen gern wichtigste Anregungen aus ihr. Die Einen denken sich ihre Landschaften aus. Die Andern fahren vorher hin, und sehn sie sich an: als ein Freund den Cooper auslachte, wie der sich am Schauplatz eines künftigen Romans gar bückte und sorgfältig die Pflanzen notierte, die da wuchsen, wies Dieser ihn ruhig zurecht: auch das gehöre zum charakteristischen Porträt einer Landschaft, von denen jede ebenso einmalig sei, wie ein Menschengesicht; er würde sogar die korrekten Bewegungen und Fasen des Mondes berücksichtigen. Auch sagte er noch spöttisch: daß es doch auch einmal eine Welt ohne Menschen gegeben habe, sogar ohne handelnde Tiere, wo nur Pflanzen standen und warteten: wie langweilig das so gewesen sein müsse, was? –[53]

Diese Auffassung vom ‚handlungsarmen', viel mehr an Zuständen und Befindlichkeiten interessierten ‚Mann des Materials' findet sich in Ansätzen bereits in dem oben zitierten *Conanchet*-Vorwort; Schmidt insistiert in der Folge immer stärker darauf, vielleicht auch, um sich vom öffentlichen Bild Coopers vor allem als des Schöpfers spannender Indianerromane abzusetzen.

Wenn Schmidt in der zitierten Passagen aus „Die Handlungsreisenden" Cooper neben Stifter stellt, so wird durch Schmidts anderswo oft und gern wiederholte Lieblingsthese, Stifter habe im *Hochwald* ein weitgehendes Plagiat von Coopers *Deerslayer* geliefert, präzisiert: Cooper steht eben nicht neben, sondern über Stifter. Deswegen schmä-

---

[53] Arno Schmidt, „Die Handlungsreisenden", in Bargfelder Ausgabe, Bd. III/3, a.a.O., S. 254-258, hier S. 256.

lert die radikale Stifter-Demontage, die Schmidt 1958 in seinem Funkessay „Der sanfte Unmensch“ betreibt, denn auch keineswegs die Verdienste des so lange mit Stifter gekoppelten Cooper; Schmidt hält Stifter gerade vor, daß er über die idyllisierende Beschäftigung mit den ‚Privataltertümern‘ die politische und soziale Realität seiner Zeit aus den Augen verloren habe, wohingegen es Cooper in Schmidts Augen gelingt, eben vermittels des präzisen Blicks auf die ‚Privataltertümer‘ radikale Sozial- und Zeitkritik zu üben.

Dennoch gerät Cooper in der zweiten Hälfte der 50er Jahre doch etwas aus Schmidts Blick, vielleicht auch, weil sich – nicht zuletzt durch neue einschneidende Lektüreerfahrungen wie die des Joyceschen *Ulysses* – Schmidts Literaturvorstellungen allmählich auf eine Weise ändern, die für völlig kunstlos schreibende ‚Männer nur des Materials‘ keinen Raum mehr läßt. (Der betont detail- und faktengesättigt schreibende Joyce ist auf seine Weise ja auch ein ‚Mann des Materials‘, freilich einer, bei dem das Material sich in höchste literarische Kunst verwandelt, während Cooper – wie Schmidt 1961 formuliert – „nachweislich nie der Gedanke gekommen [ist], daß es sich auch bei Prosagebilden um Kunstwerke handeln könne.“[54]) Schmidts Interesse an Cooper scheint deshalb stark zu erlahmen.

Zu Beginn der 60er Jahre aber wird dieses Interesse an Cooper noch einmal neu befeuert. Mit dem Goverts-Verlag steht nun doch noch ein Interessent für die alte *Conanchet*-Übersetzung zur Verfügung, die Schmidt deswegen bis Mitte 1961 noch einmal überarbeitet. Sehr gründlich kann diese Überarbeitung nicht ausgefallen sein, denn Rainer Barczaitis hat bei einer detaillierten Prü-

---

[54] Arno Schmidt, „Nachwort zu Coopers »Conanchet«“, in Bargfelder Ausgabe, Bd. III/4, a.a.O., S. 130-169, hier S. 148.

fung festgestellt, daß der *Conanchet* von allen Übersetzungen Schmidts diejenige sei, die am wenigsten eine eigenständige Leistung des Übersetzers darstelle (teilweise grenzt der Text schon an ein Plagiat der uralten Übersetzung von Carl Meurer)[55]; produktiv ist der Übersetzungsauftrag aber zumindest insofern, als er Schmidt Gelegenheit gibt, für sein sehr ausführliches Nachwort alle seine über die Jahre angesammelten Kenntnisse über Cooper zu bündeln und Biographie wie Gesamtwerk des geschätzten Autors umfassend darzustellen. Als Abfallprodukte dieser neuerlichen Beschäftigung schreibt Schmidt in den beiden sich anschließenden Jahren noch drei kurze Gelegenheitstexte über Cooper: „‹Pioneers, oh Pioneers!›" (die Rezension einer defizitären *Lederstrumpf*-Ausgabe, verbunden mit Eigenwerbung für seinen *Conanchet*), „Amerika, Du hast es besser ..." (die Rezension einer zweifelhaften Übersetzung der *Littlepage*-Trilogie unter dem Titel *Ravensnest*) und „Schutzrede für ein Graues Neutrum" (eine eher kursorische Betrachtung zu den *Leatherstocking*-Romanen aus Anlaß mehrerer kritisierter Neuerscheinungen). Neue Gesichtspunkte kommen dabei nicht ins Spiel; es geht vor allem darum, daß Schmidt sich in einer Zeit, da sich eine kleine Cooper-Renaissance anzubahnen scheint, einerseits als Kenner der Materie im Gespräch hält und andererseits zweifelhafte Konkurrenzprodukte auf Distanz hält.

Daß Schmidts eigenes Produkt – eben die *Conanchet*-Übersetzung – durchaus auch von eher zweifelhafter Qualität ist, scheint man im Goverts-Verlag nicht zu bemerken. Im Gegenteil versucht der Verlag schon gleich nach Ablieferung der Übersetzung, Arno Schmidt dazu zu

[55] Vgl. Rainer Barczaitis, *‚Kein simpel-biedrer Sprachferge'. Arno Schmidt als Übersetzer* (Frankfurt a.M.: Bangert & Metzler 1985), S. 168 f., 197.

bewegen, nun als nächstes „den kompletten POE“[56] zu übersetzen. Zwar zeigt sich Schmidt zunächst unwillig, und die Verhandlungen ziehen sich lange hin, doch im Frühjahr 1963 schließt er dann tatsächlich (zwar nicht mit Goverts, sondern mit dem Walter-Verlag, wohin der zuständige Lektor Hans Dieter Müller inzwischen gewechselt ist) einen Vertrag über seine maßgebliche übersetzerische Beteiligung an einer neuen deutschen Poe-Gesamtausgabe. Diese Poe-Übersetzung und sein ohne das Projekt kaum denkbarer Großroman *Zettel's Traum* füllen für Schmidt den Großteil des Jahrzehnts aus.

In *Zettel's Traum* steht Edgar Allan Poe ganz im Mittelpunkt, und auf den ersten Blick will es scheinen, als gehöre auch Cooper nun (wie etliche andere, meist drittklassige Leute) zu jenen vielen amerikanischen Autoren des 19. Jahrhunderts, die in *Zettel's Traum* nur auftauchen, weil und insofern sie in Beziehung zu Poe zu bringen sind. Dieser Eindruck täuscht allerdings, wie schon die deutlichen Signale auf der ersten Textseite des Großromans anzeigen: *Zettel's Traum* beginnt mit dem Ausruf „king“[57], der in Coopers *Monikins* von einer Hauptfigur leitmotivisch ausgestoßen wird, und entsprechend taucht diese *Monikins*-Figur – der Kapitän Noah Poke[58] – in Schmidts Buch gleich daneben auf. Die oft erwähnte und für uneingeweihte *Zettel's-Traum*-Leser etwas undurchsichtige Puppe Narra Mattah, die sozusagen Frucht der Vorgeschichte Franziska Jacobis und Daniel Pagenstechers ist, hat ihren Namen zudem von einer Figur in *Conanchet*. Erst die genaue Kenntnis von Coopers Romanwerk er-

---

[56] Schmidt, *Der Briefwechsel mit Wilhelm Michels*, a.a.O., S. 211 (Brief Nr. 228 v. 30.8.61).

[57] Schmidt, *Zettel's Traum*, (Stuttgart: Goverts Krüger Stahlberg 1970), S. 4 mo.

[58] Ebd., S. 4 ro.

möglicht es dem Leser von *Zettel's Traum*, solche Details zu vernetzen und den literarischen Hintergrund insbesondere der Beziehung zwischen Pagenstecher und der halbwüchsigen Franziska zu erfassen. Ellis Shookman, der den Cooper-Hintergrund in *Zettel's Traum* als erster gesichtet hat, ist sogar der Meinung, zum „vollen Verständnis“ der Darstellung Franziskas „muß man Cooper kennen“[59], und sie sei keineswegs „die einzige Figur [...], die man vor dem Cooper-Hintergrund besser versteht.“[60]

Die Poe-Demontage, die die Textur von *Zettel's Traum* über weite Strecken bestimmt, erfolgt vornehmlich mithilfe der Etym-Analyse, deren Methodik Schmidt und seine Ich-Figur Pagenstecher im Text ausführlichst entwickeln und anwenden. Auch Cooper bleibt analytisch keineswegs ganz ungeschoren; wenn angemerkt wird, „wie in Cooper's ‘Prairie’ immerfort die starken ‘Tetons’ gefürchtet werden“[61], dann soll damit der unterschwellige Reiz weiblicher Brüste unterstellt werden, und es finden sich einschlägige Thesen zu „COOPER, ‘Pathfinder’, wo der Seemann seine leibrieznde Nichte ‘Magnet’ nennt; (= der Ørt, wohin die n$^{ee}/_{oo}$dle sich=richtet...)“[62], sowie zu Coopers (zuvor von Schmidt für archetypisch erklärter) Figur Natty Bumppo, deren Name als „nutty bum“[63] oder „naughty bum puh!“[64] gedeutet wird. Dabei handelt es

---

[59] Ellis Shookman, „Lederstrumpf in der Lüneburger Heide. Arno Schmidt und James Fenimore Cooper“, in Thomas Krömmelbein u. Martin Lowsky (Hg.), *Zettelkasten 9. Aufsätze und Arbeiten zum Werk Arno Schmidts. Arno Schmidts Hausgötter*, erste Folge: Von Johann Gottfried Schnabel bis James Joyce (Frankfurt a.M.: Bangert & Metzler 1991), S. 114-145, hier S. 135.

[60] Ebd., S. 139.

[61] Schmidt, *Zettel's Traum*, a.a.O., S. 553 rm.

[62] Ebd., S. 873 ro.

[63] Ebd., S. 171 ro.

[64] Ebd., S. 758 mu.

sich jedoch um Einzelstellen eher spielerischen Charakters, die Cooper zudem keineswegs unterdrückte Triebe unterstellen, wie dies bei Poe geschieht – im Gegenteil scheint bei solchen Cooper-Analysen eher eine halbverhüllte Bewunderung für dessen offene Virilität durch. Cooper wird nicht demontiert, sondern in einigen Passagen des Textes sogar ungebrochen gelobt – mit Argumenten, die Schmidt bereits in seinem *Conanchet*-Nachwort von 1953 beibrachte, die nun aber, im Kontext der großen Abrechnung mit Poe, noch bewunderungsvoller klingen: „COOPER: wenn Dessen ‘Littlepage=Trilogie’ Uns geläufijer wäre, Wir könntn aus Ihm, mit der entsprechenden filologisch=antiquarischen Mühe, die ganze US=Welt von 1750 bis 1840, (und gar nich so=unfarbig!), wieder=aufbauen.“[65] Oder ist das womöglich schon Eigenwerbung? Genau diese Trilogie Coopers hat Schmidts in den letzten Jahren seines Lebens dann doch noch übersetzt.

Warum aber hat Schmidt Cooper in *Zettel's Traum* nicht im entferntesten so harsch behandelt wie den alten Kollegen Poe, der einstmals in Schmidts Wertschätzung an seiner Seite stand? Vielleicht mußte Schmidt Cooper als Dichter nie demontieren, weil er ihn nie als Dichter wirklich ernstgenommen hat. Cooper war für ihn selbst in jenen Jahren, in denen er mit Vorliebe seine Romane las und sich auch schreibend und übersetzend gern mehr für ihn engagiert hätte, als es ihm gestattet wurde, keineswegs ein literarischer Künstler. Er entnahm ihm eine Welt („die ganze US=Welt von 1750 bis 1840“ oder das, was Schmidt dafür hielt), fand bei ihm aber nicht die literarischen Methoden, die imstande gewesen wären, diese Welt in Kunst zu überführen. Cooper war Lesestoff, Poe war Vorbild – und nur an einem Vorbild läßt sich ein Vatermord begehen, keineswegs an einem Stoff.

---

[65] Ebd., S. 273B m/lu.

Schwarze Spiegel oder Leben in Wäldern
Henry David Thoreau und Arno Schmidt

Anfang 1952 nennt Arno Schmidt einem *Spiegel*-Reporter seine vier Wünsche; der vierte lautet: „ein Blockhaus in Patagonien."[1] Gebaut hat er es sich nie, nicht außerhalb seiner Texte jedenfalls. Geträumt aber hat er offenbar oft davon, vor allem natürlich dann, wenn er umziehen wollte. Als er plant, nach Irland auszuwandern, verkapselt Schmidt in einem Brief an Alfred Andersch seinen Traum in ein Zitat: „I will arise and go now ..."[2] Was hier zitiert wird, ist das womöglich bekannteste Gedicht von William Butler Yeats, „Die See-Insel von Innisfree":

> Nun steh ich auf und gehe, nach Innisfree ich geh,
> Dort mach ich eine Hütte, aus Lehm und Rohr gebaut:
> Dort will ich Bohnen reihen, ein Bienkorb steht im Klee,
> Und allein sein im Schlag, der von Bienen laut.[3]

---

1 N.N., „Mensch nach der Katastrophe", in Hans-Michael Bock (Hg.), *Über Arno Schmidt. Rezensionen vom „Leviathan" bis zur „Julia"* (Zürich: Haffmans 1984), S. 21-24, hier: S. 24 (zuerst in *Der Spiegel*, Nr. 6, 6.2.1952).

2 Arno Schmidt, *Der Briefwechsel mit Alfred Andersch. Mit einigen Briefen von und an Gisela Andersch, Hans Magnus Enzensberger, Helmut Heißenbüttel und Alice Schmidt*, hg. v. Bernd Rauschenbach (Zürich: Haffmans 1985), S. 49 (Brief Nr. 45 v. 1.3.1955).

3 William Butler Yeats, „Die See-Insel von Innisfree", üb. v. Gerschon Jarecki, in *Ausgewählte Werke. Nobelpreis 1923* (Zürich: Coron-Verlag o.J.), S. 67. – Der Stampfrhythmus dieser Übersetzung erreicht zugegebenermaßen nicht die Leichtigkeit des Originals, doch andere deutsche Fassungen sind nicht erträglicher. Namentlich gewarnt sei vor den Neuübersetzungen in William Butler Yeats, *Ein Morgen grünes Gras*, Gedichte, üb. v. Andrea Paluch u. Robert Habeck (München: Luchterhand 1998), hier S. 7

Eine weitere Anspielung auf dieses Gedicht findet sich in *Zettel's Traum*, wo Schmidt sich über die Bohnenreihen amüsiert[4], was den Blockhaustraum aber nicht tangiert. Im übrigen sind die Bohnenreihen ein wichtiges Textsignal in dem Gedicht, denn zusammen mit dem Hüttenbau verwiesen sie auf Yeats' Vorbild. Yeats hat sein Gedicht in Erinnerung an seinen Jugendtraum geschrieben, „Thoreau nachzueifern und auf Innisfree zu leben“[5]. Ob Schmidt den Konnex zwischen Henry David Thoreau und William Butler Yeats gekannt hat, ist mit einigem Recht zu bezweifeln; ganz unabhängig davon ist jedoch evident, daß der Topos des Hüttenbaus in der mehr oder minder unberührten Natur auf Schmidt stets anziehend gewirkt hat und auch literarisch unterfüttert war. Der fraglos berühmteste Hüttenbauer der Literaturgeschichte aber ist eben Thoreau, der in seinem Buch *Walden; or, Life in the Woods* (1854) von seinen zwei einsiedlerischen Jahren in den Wäldern Neuenglands Bericht erstattete und damit zum Klassiker der amerikanischen Literatur wurde.

Ob und wie gut Schmidt mit dem Werk Thoreaus vertraut war, ist schwer zu klären. Da Hermann Hesse *Walden* öffentlich zum schönsten und tiefsten Buch der amerikanischen Literatur erklärt hat, spricht einiges dafür, daß Schmidt sich in seinen Hesse-lastigen jungen Jahren mit

---

(„Die Insel im See von Innisfree“): „Ich werde aufstehen und losgehen und nach Innisfree gehen [...]“.

4 Vgl. Arno Schmidt, *Zettel's Traum* (Stuttgart: Goverts Krüger Stahlberg 1970), S. 360 mo.

5 William Butler Yeats, *Autobiographien*, üb. v. Susanne Schaub, hg. v. Wolfgang Wicht (Leipzig: Insel 1984), S. 142. – Vgl. auch ebd., S. 69: „Mein Vater hatte mir eine Stelle aus ‚Walden‘ vorgelesen, und ich nahm mir vor, dereinst in einer Hütte auf einer Insel namens Innisfree zu wohnen. [...] Ich beschloß, nur der Suche nach Weisheit zu leben wie Thoreau, wenn ich einmal die Fleischeslust überwunden und mir Frauen und Liebe aus dem Kopf geschlagen hätte.“

Thoreau beschäftigt haben könnte; eindeutig niedergeschlagen hat sich das aber nirgendwo, und in Schmidts Nachlaßbibliothek findet sich kein einziger Titel von Thoreau. Erwähnt wird Thoreau nur zweimal in Schmidts Gesamtwerk, nämlich (ohne Wertung) in der Erzählung „Kühe in Halbtrauer“ und (zustimmend) in *Zettel's Traum.* Thoreau gilt als einer der Hauptvertreter der Transzendentalisten um Ralph Waldo Emerson, doch dort, wo Arno Schmidt sich in *Zettel's Traum* recht abfällig über „die ‘Brook Farm’ der Bostoner Transcendentalisten“[6] äußert und auch eine lange Namensliste der vermeintlich oder tatsächlich Beteiligten gibt, wird Thoreau zu seinem Glück mit keiner Silbe erwähnt.

Emerson galt Schmidt als verstiegener „sunny=boy“[7], und so ist es wohl ein Glück für Thoreau, daß Schmidt die beiden keineswegs in einen Topf geworfen zu haben scheint – und dies durchaus mit einigem Recht. Zwar ist Thoreau von Emerson als Faktotum und Schüler zugleich benutzt worden und zwar geht sogar das *Walden*-Experiment so einem Gutteil auf die Initiative Emersons (der Thoreau das Grundstück für seine Einsiedelei zur Verfügung stellte) zurück, doch in vielerlei Hinsicht entwarf Thoreau Gegenpositionen zu Emerson – einmal abgesehen von einer gewissen persönlichen Entfremdung im Laufe der Zeit, ausgelöst nicht zuletzt durch Thoreaus schroffe Umgangsformen.

Im Gegensatz zum weltenthoben sich gerierenden Emerson, der sich in theoretischen Ergüssen austobte, in der Praxis aber an zwei linken Händen litt, glänzte Thoreau als Pragmatiker. Gelegentlich erprobte er in der Praxis, was Emerson sich am Schreibtisch ausdachte, doch allzu oft lagen sich die beiden auch gedanklich schon über-

---

6 Schmidt, *Zettel's Traum*, a.a.O., S. 354 ru.
7 Ebd., S. 1264 lm.

zwerch. Emerson träumte vom freien Nomadisieren (was nichts daran änderte, daß er an seinem Besitz hing und sich zum amerikanischen Grundsatz der Gewinnmaximierung durch Handel und Fortschritt bekannte) und fand seinen gedanklichen Vollstrecker in Nietzsche; Thoreau, der für Besitzlosigkeit und Entökonomisierung eintrat, suchte in der Natur gleichwohl einen festen Ort zum Sich-Niederlassen und ist deswegen mit einem Nachdenker namens Heidegger geschlagen. Den Staat hielt Thoreau für abschaffenswert, die Natur für den Ort, an dem die Sinne des Individuums zu einem einzigen verschmelzen können und sich schließlich transzendieren lassen. Dem Jenseits, das das Ziel von Emersons transzendenter Phantasie ist, stellt Thoreau ein Glück im Hier und Jetzt entgegen. (Natürlich war der Transzendentalismus keine Sache des Zweigespanns Emerson und Thoreau allein; als dritte, wiederum ausgesprochen eigenständige Protagonistin der Bewegung wäre zumindest noch Margaret Fuller zu nennen, deren nicht gerade selbstzweiflerischer Ausspruch „I find no intellect comparable to my own“[8] auch einem Arno Schmidt zur Ehre gereicht hätte.)

Wo soviel Unbescheidenheit im Spiel ist, möchte ich im folgenden die bescheidenste nur denkbare Methode wählen und probehalber einfach zwei zentrale Hüttentexte übereinander legen: Thoreaus *Walden*-Bericht[9] und Schmidts

---

[8] *Memoirs of Margaret Fuller Ossoli*, hg. v. R.W. Emerson, W.H. Channing, J.F. Clarke (Boston: Phillips, Sampson 1852), Bd. 1, S. 234.

[9] Als Gratisservice an den deutschsprachigen Leser zitiere ich Thoreau weitestmöglich nach einer übersetzten Fassung: Henry David Thoreau, *Walden oder Leben in den Wäldern*, üb. v. Emma Emmerich u. Tatjana Fischer (Zürich: Diogenes 1979). – In den Fußnoten (und nötigenfalls auch im Haupttext) gebe ich zusätzlich stets die Originalversion, und zwar nach dem Abdruck von *Walden* in *The*

Nachkriegserzählung „Schwarze Spiegel". Einfluß- und Abhängigkeitsfragen interessieren mich hierbei nicht. Ich will nichts anderes tun, als Thoreaus Buch Kapitel für Kapitel durchzugehen und zu sehen, was sich aus Schmidts Text dazu herbeiassoziieren läßt. Es soll dabei auch keineswegs stören, daß Thoreau nirgendwo in Schmidts Text irgendwie präsent ist und Schmidt als „Spitzen der US-Entwicklung" nur „Poe und Cooper"[10] nennt, auch die Liebe zu den Wäldern lediglich mit einem Cooperschen Helden („Natty hatte schon recht: Wälder sind das Schönste!"[11]) begründet.

Ökonomie

Sein erstes und längstes Kapitel überschreibt Thoreau „Economy", doch hier werden keineswegs solche Dinge verhandelt wie im Wirtschaftsteil handelsüblicher Zeitungen. Thoreau hätte dieses Eingangskapitel mit dem selben Recht auch beispielsweise „Statistik" oder „Berechnungen" nennen können, oder gar „Freiheit" oder „Unabhängigkeit". Dies ist das Kapitel, das die Grundlagen ausbreitet, die Grundlagen von Thoreaus Denken und vor allem die von seinem Tun. Thoreaus Ökonomie ist eine Ökonomie der Bedürfnislosigkeit und zielt deshalb nicht auf eine Mehrung des Kapitalumschlags, sondern auf dessen Minimierung: wer wenig braucht, braucht auch wenig aufzuwenden und spart sich damit Zeit zum Leben – „meine größte Kunst bestand immer darin, wenig zu bedürfen."[12] Thoreaus Ökonomie ist deshalb nicht zuletzt ein ökono-

---

Portable Thoreau, hg. v. Carl Bode (New York u.a.: Penguin 1982), S. 258-572.

10 Arno Schmidt, „Schwarze Spiegel", in Bargfelder Ausgabe, Bd. I/1 (Zürich: Haffmans 1987), S. 199-260, hier S. 251.

11 Ebd., S. 211.

12 Thoreau, *Walden*, a.a.O., S. 78. Vgl. *The Portable Thoreau*, a.a.O., S. 324: „my greatest skill has been to want but little".

mischer Umgang mit der Zeit, die er sich sozusagen auf jene hohe Kante legt, auf der seine Mitmenschen vorzugsweise Geld horten (oder, wie Thoreau immer wieder nahelegt, doch nur Schulden). Mit seiner Zeit wiederum weiß Thoreau stets etwas besseres anzufangen, als sie zu verkaufen; er setzt sie für sein Experiment namens Leben ein und braucht sie deswegen auch nicht totzuschlagen – „Als ob man die Zeit totschlagen könnte, ohne die Ewigkeit zu verletzen."[13] Was für eine Art Ökonomie also betreibt Thoreau? Er nennt sie jene „Ökonomie des Lebens, welche gleichbedeutend ist mit Philosophie"[14], wobei Philosophie ihm allerdings nichts Theoretisches ist, sondern immer praktisches Tun in seinen Mittelpunkt stellt. Eben deshalb beklagt sich Thoreau auf eine Art und Weise, die sehr in Arno Schmidts Sinn ist, über akademischen Praxisverzicht: „Heutzutage gibt es Professoren der Philosophie, aber keine Philosophen."[15]

Kommen wir also zur Praxis. Für Thoreau bedeutet sie: er stellt sich auf sich allein.

> Als ich die folgenden Seiten, oder jedenfalls den größten Teil davon schrieb, wohnte ich eine Meile weit von meinem nächsten Nachbar entfernt, in einem Haus, das ich mir selbst am Ufer des Waldenteiches in Concord, Massachusetts, gebaut hatte, allein im Walde und verdiente meinen Lebensunterhalt einzig mit meiner Hände Arbeit.[16]

---

[13] Thoreau, *Walden*, a.a.O., S. 20. Vgl. *The Portable Thoreau*, a.a.O., S. 324: „As if you could kill time without injuring eternity."

[14] Thoreau, *Walden*, a.a.O., S. 60. Vgl. *The Portable Thoreau*, a.a.O., S. 324: „that economy of living which is synonymous with philosophy".

[15] Thoreau, *Walden*, a.a.O., S. 27. Vgl. *The Portable Thoreau*, a.a.O., S. 270: „There are nowadays professors of philosophy, but not philosophers."

[16] Thoreau, *Walden*, a.a.O., S. 16. Vgl. *The Portable Thoreau*, a.a.O., S. 324: „When I wrote the following pages, or rather the bulk of

Damit hat sich das Ich vorgestellt, und es ist eben wirklich ein Ich: „In den meisten Büchern wird die erste Person, das ‚Ich' umschrieben [...]. Wir erinnern uns gewöhnlich nicht daran, daß im Grunde genommen ja doch nur die erste Person spricht."[17] Nun, den Lesern Arno Schmidts ist das wohl klarer als vielen anderen.

Wenn das Ich, wenn also Henry David Thoreau sein Experiment anstellt, dann heißt das auch, er schaut sich die Dinge selbst an und probiert sie selbst aus, statt die ausgetretenen Pfade des Fremdwissens abzulatschen. „Ich habe dreißig Jahre auf diesem Planeten gelebt, hätte aber noch die erste Silbe wertvollen und ernstgemeinten Rates von den Älteren zu vernehmen. [...] Da ist das Leben – ein [...] Experiment."[18] Wir erinnern uns: für Arno Schmidts letzten Menschen hat „das Experiment Mensch, das stinkige, [...] aufgehört"[19]; für Thoreau hingegen fängt es immer wieder neu an, denn „so wenig ist noch versucht worden."[20] Das Prinzip ‚keine Experimente', das die Altvorderen so gerne hochhalten, bedeutet eine Einengung, die Thoreau ebensowenig akzeptiert wie Schmidt. „Du kannst so weise sprechen wie nur möglich, alter Mann,

---

them, I lived alone, in the woods, a mile from any neighbor, in a house which I had built myself, on the shore of Walden Pond, in Concord, Massachusetts, and earned my living by the labor of my hands only."

17 Thoreau, *Walden*, a.a.O., S. 17. Vgl. *The Portable Thoreau*, a.a.O., S. 259: „In most books, the I, or first person, is omitted [...]. We commonly do not remember that it is, after all, always the first person that is speaking."

18 Thoreau, *Walden*, a.a.O., S. 21 f. Vgl. *The Portable Thoreau*, a.a.O., S. 264: „I have lived some thirty years on this planet, and I have yet to hear the first syllable of valuable or even earnest advice from my seniors. [...] Here is life, an experiment [...]."

19 Schmidt, „Schwarze Spiegel", a.a.O., S. 224.

20 Thoreau, *Walden*, a.a.O., S. 22. Vgl. *The Portable Thoreau*, a.a.O., S. 265: „so little has been tried."

der du siebzig Jahre lang nicht ohne eine gewisse Ehre gelebt hast – ich höre eine unwiderstehliche Stimme, die mich von all dem wecklockt."[21] Wir dürfen davon ausgehen, daß Schmidt eine solche Stimme auch immer wieder gehört hat, und so darf es uns kaum verwundern, daß auch Schmidt gegen die von Thoreau sanft angespielte Bibelstelle polemisiert: „*Des Menschen Leben:* das heißt vierzig Jahre Haken schlagen. Und wenn es hoch kommt (oft kommt es einem hoch!!) sind es fünfundvierzig"[22] – immer noch weniger als bei Thoreau, dem freilich auch nichts hochkommt, weil er seinen eigenen Weg sehr viel gelassener verteidigt als Schmidt den seinen. Thoreau immerhin treibt seine Autarkie auch insofern extrem weit, als es ihn keineswegs stört, wenn ihm auf seinem Weg ebenso niemand folgt, wie ja auch er dem Weg keines anderen folgt. Thoreau eifert und geifert nicht, sondern zieht sich auf die Maxime ‚leben und leben lassen' zurück: „Es geht [...] auf so vielerlei Weise, als wir Radien von einem Zentrum ziehen können."[23] (Ich will es Ihnen ersparen, an dieser Stellen mit Schmidts „Reziproke[n] Radien"[24] zu kommen.)

Autarkie ist ein wichtiges Stichwort, für Thoreau in seiner Hütte wie für Schmidts Erzähler in der menschenleeren Welt. Und auch das hat mit der speziellen Ökonomie zu tun. Für Thoreau gibt's nur vier „Lebensbedürfnisse des Menschen", und das sind: „Nahrung, Wohnung, Klei-

---

[21] Thoreau, *Walden*, a.a.O., S. 23. Vgl. *The Portable Thoreau*, a.a.O., S. 266: „You may say the wisest thing you can, old man - you who have lived seventy years, not without honor of a kind – I hear an irresistible voice which invites me away from all that."

[22] Schmidt, „Schwarze Spiegel", a.a.O., S. 201.

[23] Thoreau, *Walden*, a.a.O., S. 24. Vgl. *The Portable Thoreau*, a.a.O., S. 266: „there are as many ways as there can be drawn radii from one center."

[24] Schmidt, „Schwarze Spiegel", a.a.O., S. 213.

dung und Brennmaterial"[25]. Alle diese vier Grundbedürfnisse haben, wie Thoreau erkennt, mit dem Wärmeprinzip zu tun, also damit, den Kältetod abzuwenden; Überhitzung freilich hält Thoreau eher für schädlich, und er greift auf Darwins Beschreibung von den „Feuerländern"[26] (wollte Schmidt unweit davon nicht seine Hütte haben?) zurück, um zu zeigen, daß man seinen Hitzebedarf sogar durch Gewöhnung reduzieren, seine Bedürfnislosigkeit also immer weiter ausreizen kann. Ähnlich treibt es Schmidts letzte Menschin Lisa, die, um nicht „dicker und klassischer"[27] zu werden, zu drastischen Mitteln greift: „Ich hab keine Schuhe an."[28] Sie reißt sich aus diversen Bequemlichkeiten hoch, um geschmeidig zu bleiben. Thoreau bemerkt, nachdem er den Drang des Menschen nach Luxus und Bequemlichkeit beschrieben hat: „Kein Wunder, daß der Mensch seine Elastizität verloren hat."[29]

Elastizität also gilt es durch die Bescheidung aufs Eigentliche zu bewahren. Was aber würde Thoreau zu einem Mann sagen, der sich noch als Einsiedler im Walde den Luxus einer Bibliothek leisten will? Keine Bange, Schmidts Erzähler könnte wohl vor Thoreaus Augen bestehen, denn der erlaubt neben den vier genannten Grundbedürfnissen auch noch ein paar Utensilien:

> gleich nach diesen Lebensnotwendigkeiten [kommen] einige Geräte, wie ein Messer, eine Axt, ein Spaten, ein Schubkarren etc. und für den Studierenden Lam-

---

[25] Thoreau, *Walden*, a.a.O., S. 24 f. Vgl. *The Portable Thoreau*, a.a.O., S. 267: „necessaries of life for man [...] Food, Shelter, Clothing, and Fuel".

[26] Thoreau, *Walden*, a.a.O., S. 25. Vgl. *The Portable Thoreau*, a.a.O., S. 268: „inhabitants of Tierra del Fuego".

[27] Schmidt, „Schwarze Spiegel", a.a.O., S. 27.

[28] Ebd., S. 259.

[29] Thoreau, *Walden*, a.a.O., S. 74. Vgl. *The Portable Thoreau*, a.a.O., S. 320: „No wonder man has lost his elasticity."

> penlicht, Schreibmaterial und die Möglichkeit des Gebrauches einiger weniger Bücher. Alles das ist um wenig Geld zu haben.[30]

Um wenig Geld zu haben: das gehört zum Grundgesetz der Thoreauschen Ökonomie, und Schmidts letzter Mensch verstößt keineswegs dagegen, denn er besorgt sich alles gratis und schenkt dem Unersättlichkeitsprinzip der Gewinnmaximierung noch im nachhinein seine Verachtung: „Geld. Geld.“[31]

Vielleicht verstößt er eher gegen eine andere Klausel, nämlich die der stets offenen Tür für Besucher. Thoreau stellt klar: „Ich würde [...] niemals ‚Eintritt verboten!‘ auf das Tor schreiben.“[32] Der Erzähler der „Schwarzen Spiegel“ hingegen malt *„eine Tafel ‹Verbotener Weg›“*[33], wenn er sie auch gerade dort aufstellt, wo er etwelche Fremden doch hinlocken will. Sein „Gebiet immer unter Kontrolle halten“[34] will Schmidts einsamer Held und hängt deshalb ständig am Feldstecher und ergänzt unermüdlich „an der großen Karte 1 : 10000“[35]. Aber auch Waldbewohner Thoreau zählt die Tätigkeit dessen, der „unermüdlich den Horizont absucht“, zu seiner „strenge[n] Geschäftsroutine“, und ebenso dazu gehört es, „immer

---

[30] Thoreau, *Walden*, a.a.O., S. 26. Vgl. *The Portable Thoreau*, a.a.O., S. 269: „a few implements, a knife, an axe, a spade, a wheelbarrow, etc., and for the studious, lamplight, stationary, and access to a few books, rank next to necessaries, and can all be obtained at a trifling cost.“

[31] Schmidt, „Schwarze Spiegel“, a.a.O., S. 208.

[32] Thoreau, *Walden*, a.a.O., S. 29. Vgl. *The Portable Thoreau*, a.a.O., S. 272: „I would [...] never paint ‘No Admittance’ on my gate.“

[33] Schmidt, „Schwarze Spiegel“, a.a.O., S. 220.

[34] Ebd., S. 238.

[35] Ebd.

und ewig Logarithmentabellen zu korrigieren“[36]. Rechnen, Überprüfen und Vermessen: das sind die Grundtechniken der Schmidtschen wie der Thoreauschen Welterfassungsökonomie.

Wer rechnen muß, nicht aus äußeren Zwängen heraus, sondern aus innerer Überzeugung, der überprüft auch immer wieder, was notwendig ist und was nicht. Gegen die Versuchungen der Mode ist er absolut immun. Auch das gehört zur Ökonomie Thoreaus, der weiß, was er sich erspart, indem er auf die diversen Kleiderordnungen pfeift. „Ich sage euch aber: Hütet euch vor allen Unternehmungen, die neue Kleider und nicht einen neuen Träger derselben verlangen.“[37] Wie passend also, daß ein weniger modebewußter Mensch als Arno Schmidt kaum denkbar ist. Sein Erzähler meint: „*Bekleidung?* Na, das ist nicht so wichtig“[38]. Modezeitschriften sind ihm „die Pest unserer Zeit“[39]; ganz im Stil der Fragebogen in solchen Zeitschriften fragt er: „Sind Ihnen Boxen, Film, Mode, feines Benehmen, sehr lächerlich?“[40] Beim Stadtbummel in den Leichenbergen von Hamburg steht er sarkastisch „*Vor Geschäften:* brauchte ich noch einen spitzen Hut? Oder Lackschuhe (auch spitz)?“[41] Wohl könnten wir spitz hinzufügen, daß derlei Immunität gegen die Anfechtungen des Mode- und Geckentums offenbar nur so lange reicht, wie der Erzähler der „Schwarzen Spiegel“ sich von weib-

---

36 Thoreau, *Walden*, a.a.O., S. 31 f. Vgl. *The Portable Thoreau*, a.a.O., S. 275 f.: „strict business habits [...] unwearingly sweeping the horizon [...] ever, and ever, the logarithmic tables to be corrected“.

37 Thoreau, *Walden*, a.a.O., S. 35. Vgl. *The Portable Thoreau*, a.a.O., S. 278: „I say, beware of all enterprises that require new clothes, and not rather a new wearer of clothes.“

38 Schmidt, „Schwarze Spiegel“, a.a.O., S. 209.

39 Ebd., S. 206.

40 Ebd., S. 238.

41 Ebd., S. 223.

licher Gesellschaft frei weiß. Als Lisa dann da ist, protzt er schon mal mit seinen „langen grauen Verführerhosen [...], 30 cm Schlag“[42].

Wie ernst sind also die Bekenntnisse gemeint, die in den beiden Texten abgegeben werden? Thoreau beharrt mehrmals darauf: „Ich bin weit entfernt vom Scherzen“[43]; „ich spaße durchaus nicht.“[44] Schmidts Erzähler hat einmal Anlaß, sich herauszureden: „Das sind keine Witze, sondern Abscheu vorm Organischen“[45]. Solcher Abscheu ist Thoreau freilich gerade nicht nachzusagen, wie wir noch sehen werden.

Nachdem nun also geklärt wäre, was Thoreau mit Ökonomie und daß er dieselbe durchaus ernst meint, geht's dann endlich ans Konkrete; „Doch nun schleunigst zu meinem Experiment!“[46] Bei der Beschreibung seines Experiments geht Thoreau mit wahren Schmidtschen Tugenden zu Werke, also „mit Namen, Zahlen, Daten“[47]. Beginnen wir mit den Daten. „Gegen Ende März 1845 borgte ich mir eine Axt, ging hinunter in den Wald zum Waldenteich“[48] (daß am Anfang der autarken Existenz erst einmal etwas ausgeborgt werden muß, verfügt über eine feine Ironie, die Thoreau selbst übrigens durchaus bemerkt). „Mitte April [...] war das Rahmengestell meines

---

42 Ebd., S. 248.

43 Thoreau, *Walden*, a.a.O., S. 40. Vgl. *The Portable Thoreau*, a.a.O., S. 284: „I am far from jesting“.

44 Thoreau, *Walden*, a.a.O., S. 138. Vgl. *The Portable Thoreau*, a.a.O., S. 378: „I was not joking.“

45 Schmidt, „Schwarze Spiegel“, a.a.O., S. 229.

46 Thoreau, *Walden*, a.a.O., S. 50. Vgl. *The Portable Thoreau*, a.a.O., S. 295: „to make haste to my own experiment.“

47 Schmidt, „Schwarze Spiegel“, a.a.O., S. 207.

48 Thoreau, *Walden*, a.a.O., S. 50. Vgl. *The Portable Thoreau*, a.a.O., S. 295: „Near the end of March, 1845, I borrowed an axe and went down to the woods by Walden Pond“.

Hauses fertig und zum Aufrichten bereit"[49]; „Anfangs Mai [...] stellte ich [...] das Rahmenwerk meines Hauses auf. [...] Am 4. Juli bezog ich mein Haus"[50], also passenderweise am (amerikanischen) Unabhängigkeitstag. „Vor dem Winter baute ich mir einen Kamin"[51]. Soweit Thoreau. Bei Schmidt geht der Hausbau in ähnlichem Tempo vonstatten. Am „1. 5. 1960"[52] erscheint der zukünftige Häuslebauer auf der Bildfläche; am „22. Juli 1960" ist „Richtfest!"[53] Dann kommt ihm ein Gedanke: *„»Die Öfen«* fiel mir ein: ich hatte keine gemauerten Schornsteine!"[54] In dieser Hinsicht also ist Thoreau durchaus eifriger als Schmidts Held, der dennoch später einzieht als Thoreau, nämlich offenbar erst kurz vor dem „2. 9."[55]

„Aber nun wieder zu meiner Statistik."[56]

Beide Herren geben uns genaue Konstruktionsdetails, und natürlich fehlen nicht die Maße. „Das Bauholz wurde sechs Zoll dick [...] behauen"[57], verrät Thoreau. Schmidts Held hat die freie Auswahl: „Da waren Vierzöller, Sechszöller, 8 Zöller: ich entschied mich für die 15 cm zum Hausgerüst und rechnete"[58] – und wenn wir mitrechnen,

---

49 Thoreau, *Walden*, a.a.O., S. 52. Vgl. *The Portable Thoreau*, a.a.O., S. 297: „By the middle of April [...] my house was framed and ready for the raising".

50 Thoreau, *Walden*, a.a.O., S. 54 f. Vgl. *The Portable Thoreau*, a.a.O., S. 299: „in the beginning of May [...] I set up the frame of my house. [...] I began to occupy my house on the 4th of July".

51 Thoreau, *Walden*, a.a.O., S. 58. Vgl. *The Portable Thoreau*, a.a.O., S. 303: „Before winter I built a chimney".

52 Schmidt, „Schwarze Spiegel", a.a.O., s. 201.

53 Ebd., S. 218.

54 Ebd.

55 Ebd., S. 220.

56 Thoreau, *Walden*, a.a.O., S. 67. Vgl. *The Portable Thoreau*, a.a.O., S. 313: „But to proceed with my statistics."

57 Thoreau, *Walden*, a.a.O., S. 52. Vgl. *The Portable Thoreau*, a.a.O., S. 297: „I hewed the main timbers six inches square".

58 Schmidt, „Schwarze Spiegel", a.a.O., S. 216.

kommen wir drauf, daß Schmidts Held also wie Thoreau die Sechszöller nimmt. Thoreaus Hütte wird eines „von zehn Fuß Breite auf fünfzehn Fuß Länge und acht Fuß Höhe“[59]; bei Schmidt fehlt leider die Angabe der Außenmaße. Dafür erfahren wir, daß dem Haus noch ein „Schuppenkomplex“[60] angefügt wird, durchaus eine vernünftige Idee, denn auch Thoreau baut sich „einen kleinen Holzverschlag“[61] an. „Vor dem Winter [...] schindelte [ich] die Seiten meines Hauses“[62], teilt Thoreau mit; Schmidts Erzähler erledigt das schon lange vor dem Einzug: „die Außenwände verschalte ich doppelt [...] Zeit und Material hatte ich.“[63] Das Material hat er, weil die Holzindustrie fertige Bohlen und Bretter bereitstellt; Thoreau hat ebenfalls einsatzfertiges Material, denn „Ich hatte schon die Hütte von James Collins [...] der Bretter halber gekauft“[64] und übrigens auch der Fenster halber, die er fertig entnimmt. „Fenster muß ich auch noch komplett irgendwo herauslösen, und bei mir im Haidehaus wieder einsetzen“[65], bemerkt Schmidts Hausbauer. Man merkt: beide Bauherren verstehen sich gleichermaßen auf die Ökonomie des Hausbaus, wenngleich Thoreau nicht ganz umsonst an seine Materialien kommt. In einer detaillierten Kostenaufstellung kommt er auf einen Aufwand von etwas mehr als 28 Dollar. Kostenlos ist immerhin an

---

59 Thoreau, *Walden*, a.a.O., S. 58. Vgl. *The Portable Thoreau*, a.a.O., S. 303: „ten feet wide by fifteen long, and eight-feet posts“.

60 Schmidt, „Schwarze Spiegel“, a.a.O., S. 220.

61 Thoreau, *Walden*, a.a.O., S. 59. Vgl. *The Portable Thoreau*, a.a.O., S. 304: „a small woodshed adjoining“.

62 Thoreau, *Walden*, a.a.O., S. 58. Vgl. *The Portable Thoreau*, a.a.O., S. 303: „Before winter I [...] shingled the sides of my house“.

63 Schmidt, „Schwarze Spiegel“, a.a.O., S. 219.

64 Thoreau, *Walden*, a.a.O., S. 52. Vgl. *The Portable Thoreau*, a.a.O., S. 297: „I had already bought the shanty of James Collins [...] for boards“.

65 Schmidt, „Schwarze Spiegel“, a.a.O., S. 218.

manches Möbelstück zu kommen: „Eine Menge solcher Stühle, wie ich sie am liebsten mag, sind auf den Dachböden des Dorfes um das Forttragen zu haben.“[66] Schmidts Held rechnet ebenfalls nicht mit Kosten, nur mit Zeit: „Zwei Tage nehm ich zum Möbel holen; besser drei.“[67]

Natürlich läßt sich von einer Hütte allein nicht leben; Thoreau steht eine Landfläche von 11 Acres zur Verfügung, die er mit Bohnen, Kartoffeln, Mais, Erbsen und Rüben bebaut – wir werden noch davon hören. Schmidts Held hat mit derlei weniger im Sinn. Zwar wird er sich fluchend „ein kleines Feld anlegen“, das „so 500 Quadratmeter“[68] mißt (das ist bloß ein Achtel Acre!), doch schon beim ersten Gedanken an ein „Kartoffelfeld“ war ihm eingefallen, daß „Landarbeit“ ihm „so ziemlich das Widerlichste von Allem ist“[69]. In diesem Punkt steht Schmidt also ausnahmsweise einmal näher beim Schreibtischtäter Emerson als beim Praktiker Thoreau. In *Zettel's Traum* lesen wir Einschlägiges: „Schwere Arbeit in Feldmark & Gartn, ergibt kümmerliche Leistung im Studio: 'The Writer shall not dig!': EMERSON. –“[70] Dies ist die einzige Stelle in Schmidts Werk, an der der „sunny=boy EMERSON“[71] vorkommt, ohne gleich eins auf den Deckel zu bekommen.

Mag Schmidt ebenso wie sein Held in den „Schwarzen Spiegeln“ Thoreaus Interesse am Landbau und der Gartenarbeit auch nicht teilen: im Hausbau eifert er ihm nach. So ergibt sich aus *Walden* denn auch die Antwort auf die

---

66 Thoreau, *Walden*, a.a.O., S. 74. Vgl. *The Portable Thoreau*, a.a.O., S. 319: „There is plenty of such chairs as I like best in the village garrets to be had for taking them away.“

67 Schmidt, „Schwarze Spiegel“, a.a.O., S. 220.

68 Ebd., S. 229.

69 Ebd., S. 220.

70 Schmidt, *Zettel's Traum*, a.a.O., S. 359 mo.

71 Ebd., S. 1264 lm.

oft gestellte Frage, warum Schmidts letzter Mensch, dem nun wirklich ausreichend fertiger Wohnraum zur Auswahl steht, trotzdem mitten im Wald noch seine eigene Hütte bauen muß. Ein Haus für viele Bewohner ist proportional zur Bewohnerzahl billiger zu errichten als eines für den Einzelbewohner, gibt Thoreau zu – „Ich aber zog die einsame Wohnung vor.“[72]

Wo und wofür ich lebte

Nicht nur solitär wohnen will Thoreau, sondern solitär leben. Die beiden im Titel des zweiten *Walden*-Kapitels enthaltenen Fragen – „Where I lived, and what I lived for“ – wären deshalb auf deutsch mit einer doppeldeutigen Formulierung zu beantworten: Thoreau will für sich leben. Ziemlich zu Beginn des Kapitels zitiert er William Cowpers Gedicht „Verses supposed to be written by Alexander Selkirk“: „Ich bin König, so weit als das Auge mir reicht, [/] Mein Recht kann mir keiner bestreiten.“[73] Selkirk war bekanntlich die historische Vorlage für Defoes *Robinson Crusoe*, und Schmidts letzter Mensch, ausgestattet „mit müder Eleganz, à la Herr der Welt“[74], der sich sein Recht auf alles, was sein Auge sieht, ebensowenig bestreiten läßt, eifert an vielen Textstellen erkennbar Defoes einsamem Held nach: „Wie Robinson mit 2 Flinten“[75].

Freiheit durch Einsamkeit also lautet die Devise; „so lang als möglich frei und unbelastet zu bleiben“[76] rät Thoreau.

---

[72] Thoreau, *Walden*, a.a.O., S. 79. Vgl. *The Portable Thoreau*, a.a.O., S. 325: „But for my part, I preferred the solitary dwelling.“

[73] Thoreau, *Walden*, a.a.O., S. 90. Vgl. *The Portable Thoreau*, a.a.O., S. 336: „I am monarch of all I survey, [/] My right there is none to dispute.“

[74] Schmidt, „Schwarze Spiegel“, a.a.O., S. 202.

[75] Ebd., S. 238.

[76] Thoreau, *Walden*, a.a.O., S. 92. Vgl. *The Portable Thoreau*, a.a.O., S. 337: „As long as possible live free and uncommitted.“

Etwas überspitzt könnte man formulieren, für Thoreau fange das Leben da erst an, wo die Gesellschaft der Mitmenschen aufhört, und eben das ist der Grund seines Walden-Experiments. „Ich zog in den Wald, weil ich den Wunsch hatte, mit Überlegung zu leben, dem eigentlichen, wirklichen Leben näherzutreten“ [77]. Was die Essentialitäten für Schmidts Helden sein könnten, läßt sich aus dem Text heraus schwer belegen, doch die Grundvoraussetzung dafür, zu Überlegung und Erkenntnis vorzudringen, kennt dieser Held natürlich auch: „Und die Klugen, wenn sie konnten, gingen hin und wurden Einsiedler“[78], was vielleicht auch damit zusammenhängt, daß „der Künstler und Denker Muße“ braucht[79]. Die hier propagierte Existenzweise ist also auch eine Absage an Eile und die Überstürztheiten der Moderne. Schmidts Held freut sich auf „die herrliche einsame Zeit, viele Jahre lang“[80]; Thoreau fragt: „Warum sollen wir in solcher Eile, solcher Lebensverschwendung leben?“[81] Für Thoreau hat deswegen auch die vielbeschwafelte Unendlichkeit nichts mit Ferne und alles mit dem Hier und Jetzt zu tun: „In der Ewigkeit ist fürwahr etwas Wahres und Erhabenes. Aber alle diese Zeiten, Orte und Gelegenheiten sind jetzt und hier.“[82] Deswegen stört ihn nicht die Begrenzung des Blicks von seinem Waldwohnsitz am Walden-See aus: „Meine Phantasie fand

---

77 Thoreau, *Walden*, a.a.O., S. 98. Vgl. *The Portable Thoreau*, a.a.O., S. 343: „I went to the woods because I wished to live deliberately, to front only the essential facts of life.“

78 Schmidt, „Schwarze Spiegel“, a.a.O., S. 247.

79 Ebd., S. 235.

80 Ebd., S. 220.

81 Thoreau, *Walden*, a.a.O., S. 92. Vgl. *The Portable Thoreau*, a.a.O., S. 337: „Why should we live with such hurry and waste of life?“

82 Thoreau, *Walden*, a.a.O., S. 103 f. Vgl. *The Portable Thoreau*, a.a.O., S. 349: „In eternity there is indeed something true and sublime. But all these times and places and occasions are now and here.“

Spielraum genug."[83] Das sind sie dann wohl, die von Schmidts Erzähler nächtens gesuchten „ewigen Jagdgründe der Phantasie: den fliegenden Holländer und Odysseus müßte man in einer Geschichte identifizieren."[84] Thoreau träumt mit, denn er sieht sich „an den Mast gebunden wie Odysseus"[85].

Naturgemäß können sich Thoreau und Schmidt nicht immer einig sein in der Definition dessen, was zu ephemer oder jedenfalls verzichtbar ist für ihr Idealleben. Thoreau meint: „Ich für meinen Teil könnte leicht ohne Post auskommen."[86] Das kann Schmidt natürlich nicht, der selbst noch den letzten Menschen, als der das Postamt sieht, stracks hineinspazieren und „mal kurz revidieren"[87] und die Briefe inspizieren läßt.

Lektüre

Thoreau, der auch ohne Postamt das geschriebene Wort für „die köstlichste Reliquie"[88] hält, hegt gegen sterile Akademismen eine ähnliche Abneigung wie Schmidt: „Mein Aufenthaltsort war nicht allein zum Denken, sondern auch zu ernster Lektüre und zum Studium viel geeig-

---

[83] Thoreau, *Walden*, a.a.O., S. 91. Vgl. *The Portable Thoreau*, a.a.O., S. 340: „There was pasture enough for my imagination."

[84] Schmidt, „Schwarze Spiegel", a.a.O., S. 203.

[85] Thoreau, *Walden*, a.a.O., S. 104. Vgl. *The Portable Thoreau*, a.a.O., S. 350: „tied to the mast like Ulysses."

[86] Thoreau, *Walden*, a.a.O., S. 101. Vgl. *The Portable Thoreau*, a.a.O., S. 346: „For my part, I could easily do without the post-office."

[87] Schmidt, „Schwarze Spiegel", a.a.O., S. 206. – Der Ausdruck kommt übrigens auch in der deutschen *Walden*-Übersetzung vor. Vgl. Thoreau, *Walden*, a.a.O., S. 249: „In früheren Jahren hatte ich oft, um ein bißchen zu ‚revidieren' [...]." – *The Portable Thoreau*, a.a.O., S. 486: „In previous years I had often gone 'prospecting' [...]."

[88] Thoreau, *Walden*, a.a.O., S. 109. Vgl. *The Portable Thoreau*, a.a.O., S. 355: „the choicest of relics".

neter als eine Universität"[89]. Nicht nur fürs Leben, sondern ebenso fürs Lesen ist der Wald daher der rechte Ort. Das liegt auch daran, daß die Lektüre vorzüglich die weite Welt ersetzt. In einer Formulierung, die Arno Schmidts bekannte Formel vom ‚Gedächtnis der Menschheit' vorwegnimmt, erklärt Thoreau: „Bücher sind der aufgespeicherte Reichtum der Welt und ein schickliches Erbteil von Generationen und Völkern."[90] Wie für Schmidt ist auch für Thoreau Lektüre ganz entschieden „nicht das, was uns einschläfert wie der Luxus"[91], und daraus wiederum folgt, daß nicht jeder ein echter Leser sein kann: „Die Werke der größten Dichter sind noch nie von den Menschen gelesen worden, denn nur große Dichter können sie lesen."[92] Schmidts schon nicht mehr ganz einsamer Held zieht daraus nur die naheliegenden Konsequenzen, wenn er den Gedanken an Leser mit einem „Sowas kenn ich nicht" vom Tisch wischt und sich statt dessen Wieland und „Poe, Hoffmann, Cervantes, Lessing, Tieck, Cooper, Jean Paul" zu Adressaten wünscht: „das hab ich mir manchmal vorgestellt: ob die mit meinen Sachen zufrieden wären, oder Alfred Döblin und Johannes Schmidt. Aber allgemein ‹Leser›?? – Nee!!"[93]

---

[89] Thoreau, *Walden*, a.a.O., S. 106. Vgl. *The Portable Thoreau*, a.a.O., S. 352: „My residence was more favorable, not only to thought, but to serious reading, than a university".

[90] Thoreau, *Walden*, a.a.O., S. 109. Vgl. *The Portable Thoreau*, a.a.O., S. 355: „Books are the treasured wealth of the world and the fit inheritance of generations and nations."

[91] Thoreau, *Walden*, a.a.O., S. 111. Vgl. *The Portable Thoreau*, a.a.O., S. 357: „not that which lulls us as a luxury".

[92] Thoreau, *Walden*, a.a.O., S. 110. Vgl. *The Portable Thoreau*, a.a.O., S. 356: „The works of the great poets have never yet been read by mankind for only great poets can read them."

[93] Schmidt, „Schwarze Spiegel", a.a.O., S. 258.

Töne

Dieses ist das einzige Kapitel aus *Walden*, von dem sich nachweisen läßt, daß Schmidt es gekannt hat. Thoreau erbaut sich in ganz außerordentlichem Maße an den Rufen der verschiedenen Eulen, die er mit Wiedergängern und Idioten, aber auch mit dem „Dämmerdunkel“ und den „unbefriedigten Gedanken, denen wir alle unterworfen sind“[94], in Verbindung bringt, und an einer Stelle schreibt er: „Wenn die andern Vögel schweigen, so stimmt die Toteneule ihren Gesang an, wie die Trauerweiber ihr altes U-lu-lu.“[95] Diese Stelle zitiert Arno Schmidt im englischen Originalwortlaut in *Zettel's Traum* und stellt sie in einen Zusammenhang mit Poes „Ulalume“ und „GOETHES ‘och orru orru OLLALU!’“[96] Und schon zuvor, in der Erzählung „Kühe in Halbtrauer“, erleben die gealterten Helden im Rahmen ihres heftig von Resignation[97] zerfressenen Hausbaus „doch auch ‹sounds› wie bei THOREAU's; brrr!“[98] Die Präsenz von Thoreau in „Kühe in Halbtrauer“ ist zum einen natürlich durch das Thema des zivilen

---

94 Thoreau, *Walden*, a.a.O., S. 130. Vgl. *The Portable Thoreau*, a.a.O., S. 377: „the stark twilight and unsatisfied thoughts which all have“.

95 Thoreau, *Walden*, a.a.O., S. 129. Vgl. *The Portable Thoreau*, a.a.O., S. 376: „When other birds are still the screech owls take up the strain, like mourning women their ancient u-lu-lu.“

96 Schmidt, *Zettel's Traum*, a.a.O., S. 1257 lu.

97 Zum Unterschied zwischen Resignation und Verzweiflung vgl. John E. Woods, „Resigned Men. From Thomas Buddenbrook to Leonhard Jhering”, in *„Timbuktu. Bloemfontein.“ Sieben Vorträge zur Sexualität im Werk Arno Schmidts*, Hefte zur Forschung 4 (Bargfeld: Arno Schmidt Stiftung 1998), S. 131-139, bes. S. 133. Woods wendet sich gegen Thoreaus Definition, Resignation sei bestätigte Verzweiflung. Gleichwohl ließe sich argumentieren, der Hüttenbau in „Schwarze Spiegel“ sei ein verzweifeltes, der in „Kühe in Halbtrauer“ ein resignatives Experiment.

98 Arno Schmidt, „Kühe in Halbtrauer“, in Bargfelder Ausgabe, Bd. I/3 (Zürich: Haffmans 1987), S. 335-349, hier S. 341.

Ungehorsams gerechtfertigt, dessen Grundgesetz gewissermaßen Thoreaus Schrift *Civil Disobedience* ist, die bekannte Reaktion des Autors auf eine Nacht, die er wegen seiner Weigerung, Steuern zu bezahlen, im Gefängnis verbracht hatte. Auch aus diesem Text zitiert Arno Schmidt in *Zettel's Traum*:

> (Hierzu THOREAU, 'Civil Disobedience' – 'to cooperate with government, even to the extent of paying taxes, is to condone its crimes & participate in them; and an honest man must withdraw from this co=partnership. Individual Conscience, (not 'LAW'!), is the moral arbiter;: 'under a government, which imprisons any injustly, the true=place, for a just man, is also prison!./[99]

Seltsam an dieser Textstelle aus *Zettel's Traum* ist, daß sich nur der allerletzte Teil des vorgeblichen Zitats tatsächlich in Thoreaus Essay findet („Under a government which imprisons any unjustly, the true place for a just man is also a prison"[100]), was darauf schließen läßt, daß Schmidt sein Zitat womöglich nicht dem Thoreau-Text selbst, sondern irgendeinem Sekundärtext entnahm und versehentlich einen Kommentar mitzitiert.

Doch das soll uns hier gar nicht interessieren; wichtiger ist, daß Schmidt in „Kühe in Halbtrauer" gar nicht direkt auf Thoreaus Widerstandstext, sondern eben auf *Walden* anspielt, was den Gedanken nahelegt, für Schmidt habe der Rückzug aus der Gesellschaft in die Wald- und Hütteneinsamkeit unmittelbar etwas mit zivilem Ungehorsam zu tun gehabt. So gesehen ist es nur folgerichtig, daß auch der letzte Mensch in einer von Staatsorganen befrei-

---

[99] Schmidt, *Zettel's Traum*, a.a.O., S. 794 ru / 795 ro.

[100] Henry David Thoreau, *Civil Disobedience*, in *The Portable Thoreau*, a.a.O., S. 109-137, hier S. 122.

ten Welt noch seine symbolischen Gesetzesübertretungen begeht – „flüsterte Gesetzloses, bis wir es taten."[101]

Nun ist es aber gewiß kein Zufall, daß Schmidt in „Kühe in Halbtrauer" ausgerechnet auf das Kapitel „Sounds" anspielt. Das ist einmal ein ironischer Kommentar zu der den Text durchziehenden, auf der Oberfläche von der Kreissäge und untergründig vom Geschützfeuer verursachten Schwerhörigkeit der Protagonisten, denen die von Thoreau beschriebenen Töne am Ende entgehen müssen. Zum anderen beschreibt Thoreau in seinem Kapitel freilich nicht nur die Laute von Ochsenfröschen und Eulen und anderen Vögeln (und, potz Mythos & Czapla, schon gar nicht „das Ächzen der Erde"[102]), sondern geht eingangs besonders ausführlich auf den Lärm der nahe an seinem Haus und dem Walden-See vorbeifahrenden Eisenbahn ein – das ist gewissermaßen der Bahndamm, von dem die in „Kühe in Halbtrauer" zersägten Schwellen stammen.

Thoreau mag die Eisenbahn nicht besonders, da sie seine geliebten Wälder zerstört und immer mehr Menschen immer weiter in die dadurch in Mitleidenschaft gezogene Wildnis bringt. Aber der „Fitchburg Railroad" bedient sich Thoreau dennoch, nämlich auf seinen häufigen Märschen ins nächste Dorf: „Gewöhnlich gehe ich ihren

---

[101] Schmidt, „Schwarze Spiegel", a.a.O., S. 250.

[102] Ralf Georg Czapla, *Mythos, Sexus und Traumspiel. Arno Schmidts Prosazyklus „Kühe in Halbtrauer"* (Paderborn: Igel 1993), S. 149. – Ebd., S. 148-151, findet sich die bislang ausführlichste, leider aber auch die bis zur Lächerlichkeit kurioseste Würdigung des Thoreau-Konnexes in der Schmidt-Sekundärliteratur. An Thoreau-Literatur führt Czapla keinen einzigen Primärtext, sondern lediglich die einschlägige rororo-Monographie (aus der er lang und unergiebig zitiert) an; Walden bezeichnet er penetrant als „Roman"; dem Widerstandsessay Thoreaus wird von Czapla groteskerweise der Titel *On Civil Obedience* (sic!) verpaßt, als seien Gehorsam und Ungehorsam eins.

Dammweg entlang nach der Stadt“[103]. Damit wäre Thoreau wieder einmal Vorbild für Arno Schmidts letzten Menschen in den „Schwarzen Spiegeln“. Der geht nämlich, als er auf einen Bahndamm trifft, „ihm nach, über die torfbraunen Schwellen“[104], denn „auf den Schwellen läuft sichs leidlich“[105]. Aus gutem Grund errichtet er seine Hütte im Wald „nur hundert Meter vom Schienenstrang“[106]: der Bahndamm ist wichtig als Transportweg, um die schweren Balken aus der Holzindustrie herbeischaffen zu können. Zudem regt auch die nun verkehrslose Bahnstrecke noch die nächtliche Phantasie an – und trägt „Sounds“ bei:

> Früher mochte um diese Zeit ‹ein Zug› hier vorbeigefahren sein: ganz fern im Norden ein leises Rollen, kam näher, orgelte tief weit und nah, schwoll polternd an mit jagenden Stößen, Lichter flossen perlenschnürig vorbei, verschwanden im Süden: leises Rollen. Jetzt war Alles still: und schöner![107]

So gern Schmidts Held, so gern auch Thoreau auf dem Bahndamm geht – beide mögen sie diesen Damm nicht, denn auf ihm sind die Menschenmassen „für schnödes Geld draufrumgefahren“[108], was zumindest für Schmidts letzten Menschen Anlaß genug ist, sogleich ein Loblied auf „Malthus und Annie Besant“[109], die Verfechter der Geburtenkontrolle, anzustimmen. Und Thoreaus „Sounds“-Kapitel schließt mit dem Hinweis, sein Grundstück habe

---

[103] Thoreau, *Walden*, a.a.O., S. 121. Vgl. *The Portable Thoreau*, a.a.O., S. 367: „I usually go to the village along its causeway“.
[104] Schmidt, „Schwarze Spiegel“, a.a.O., S. 211.
[105] Ebd., S. 213.
[106] Ebd., S. 214.
[107] Ebd., S. 221.
[108] Ebd., S. 231.
[109] Ebd.

„kein Tor, keinen Vorgarten – und keinen Pfad zu der zivilisierten Welt!“[110]

Einsamkeit

Überfluß an Welt könnte Mangel an Gesellschaft heißen; wer „eine kleine Welt für [s]ich allein“[111] hat, der ist allein. Thoreau meint: „Ich hätte der erste oder der letzte Mensch sein können.“[112] Schmidts Held schiebt sich am Ende als „der letzte Mensch“[113] an sein Haus. Ein Problem ist das für Thoreau freilich nicht: „Ich bin unendlich gern allein. Noch nie fand ich den Gesellschafter, der so gesellig war wie die Einsamkeit.“[114] Wie es scheint, war Thoreau schon in frühen Jahren ein einzelgängerischer Junge, der die Natur mehr mochte als die Menschen; sein Biograph H. S. Canby beschreibt ihn als „a dreamy child, who ‘hated games, street parades and shows’ and ‘company in the house.’“[115] Das ergibt ein Bild, das sehr nah an

---

[110] Thoreau, *Walden*, a.a.O., S. 133. Vgl. *The Portable Thoreau*, a.a.O., S. 380: „no gate – no front yard – and no path to the civilized world.“

[111] Thoreau, *Walden*, a.a.O., S. 135. Vgl. *The Portable Thoreau*, a.a.O., S. 381: „a little world all to myself“.

[112] Thoreau, *Walden*, a.a.O., S. 135. Vgl. *The Portable Thoreau*, a.a.O., S. 381: „more than if I were the first or last man“.

[113] Schmidt, „Schwarze Spiegel“, a.a.O., S. 260. Vgl. auch Arno Schmidt, „Pharos oder von der Macht der Dichter“, in Bargfelder Ausgabe, Bd. I/4 (Zürich: Haffmans 1988), S. 609-632, hier S. 628: „Ich hocke im glasigen Lichte wie der letzte Mensch (oder der Erste?!)“

[114] Thoreau, *Walden*, a.a.O., S. 140. Vgl. *The Portable Thoreau*, a.a.O., S. 386: „I love to be alone. I never found the companion that was so companionable as solitude.“

[115] Henry Seidel Canby, *Thoreau* (Boston: Houghton Mifflin 1939), zitiert nach Carl Bode, „Introduction by the Editor“, in *The Portable Thoreau*, a.a.O., S. 1-27, hier S. 4 (die Zitate im Zitat sind offenbar Selbstaussagen Thoreaus).

den Kindheitserinnerungen des Schmidtschen „Schwarze-Spiegel"-Helden zu verorten ist.

In Sachen Einsamkeit möchte Schmidts Held Thoreau ganz offensichtlich nicht nachstehen; „es lebe die Einsamkeit!"[116] ruft er aus, und „ich brauche Niemanden!"[117] Als er seine Hütte fertig hat, freut er sich auf „die herrliche einsame Zeit"[118], die vor ihm liegt. In gewissem Sinne ist aber dieser letzte Mensch gar nicht allein, denn dadurch, daß er über sein Leben immer noch Tagebuch führt (eine Absurdität, auf die Lisa ihn später ausdrücklich ansprechen wird), tritt er in eine Art Gefährtenschaft ein. Ob er selbst sich dieser Gefährte ist, bleibt unentschieden; immerhin wird einmal explizit ein „Herr Leser Irgendein"[119] angesprochen, wie übrigens auch der journalführende Thoreau in einem späteren Kapitel jemanden anspricht: „ich bin genötigt, dir zu sagen, Leser, [...]."[120] Zudem empfindet Thoreau eine kommunikationsfördernde „Doppelnatur", nämlich eine Aufspaltung der eigenen Person in einen Akteur und einen Zuschauer – „Diese Doppelnatur kann uns wohl manchmal zu erbärmlichen Nachbarn und Freunden machen."[121]

Nicht durch seine schriftlichen Kommunikationsformen primär sucht Thoreau seine Einsamkeit aufzuheben, sondern dadurch, daß er sich andere Arten von Gesellschaft sucht. Er scheut sich nicht, dafür aufs Makrokosmische auszugreifen: „Warum sollte ich mich einsam fühlen? Ist

---

[116] Schmidt, „Schwarze Spiegel", a.a O., S. 210.

[117] Ebd., S. 211.

[118] Ebd., S. 220.

[119] Ebd., S. 218.

[120] Thoreau, *Walden*, a.a.O., S. 166. Vgl. *The Portable Thoreau*, a.a.O., S. 413: „I am obliged to say to you, reader, [...]."

[121] Thoreau, *Walden*, a.a.O., S. 140. Vgl. *The Portable Thoreau*, a.a.O., S. 396: „This doubleness may easily make us poor neighbors and friends sometimes."

unser Planet nicht in der Milchstraße?"[122] Ebenso sieht er sich freilich auch im Kleinen um.

> Ich bin nicht einsamer als ein einzelnes Wollkräutchen oder eine Löwenzahnblüte auf der Weide, eine Pferdefliege oder eine bescheidene Biene. Ich bin nicht einsamer als der Wetterhahn, der Nordstern, der Südwind, ein Aprilschauer, Januartauwetter oder die erste Spinne in einem neuen Haus.[123]

Hier wird Flora und Fauna und manches mehr enthierarchisiert; Thoreau gibt den hypertrophen menschlichen Singularitätsanspruch auf und reiht sich in das, was ihn umgibt, ein: „Bin ich nicht selbst zum Teil Blätter und Pflanzenerde?"[124] Ähnliches betreibt zumindest nominell Schmidts letzter Mensch, der selbst Anorganisches mit einbezieht: „man müßte die Biographie jedes Körnchens schreiben: will doch Jeder da sein! [...] Ein Kiesel der Beschotterung: lebt länger als Sie, Herr Leser Irgendein!"[125] Das längere Leben der Nichtmenschen scheint sogar Neidgefühle zu erzeugen: Wacholder „werden 800 bis 1000 Jahr alt; ich nicht"[126]. In den Zusammenhang dieser Enthierarchisierung gehören selbstverständlich auch die Tendenzen zur Antropomorphisierung in Schmidts Text:

---

[122] Thoreau, *Walden*, a.a.O., S. 138. Vgl. *The Portable Thoreau*, a.a.O., S. 384: „Why should I feel lonely? is not our planet in the Milky Way?"

[123] Thoreau, *Walden*, a.a.O., S. 141. Vgl. *The Portable Thoreau*, a.a.O., S. 388: „I am no more lonely than a single mullein or dandelion in a pasture, or a bean leaf, or sorrel, or a hornfly, or a humblebee. I am no more lonely than the Mill Brook, or a weathercock, or the North Star, or the south wind, or an April shower, or a January thaw, or the first spider in a new house."

[124] Thoreau, *Walden*, a.a.O., S. 142. Vgl. *The Portable Thoreau*, a.a.O., S. 389: „Am I not partly leaves and vegetable mould myself?"

[125] Schmidt, „Schwarze Spiegel", a.a.O., S. 218.

[126] Ebd., S. 214.

„die großen Kiefern redeten tief und brausig“[127], und „Licht und Pflanzen schlossen den Hainbund“[128]. Die „zärtliche[n] Staubschleier, in denen Herr Windstoß Pirouetten schlug“[129], und der „Ast im Wald, oh ewig flüchtende Gestalt“[130], verraten schon, daß sich einer hier die Verbrüderung mit allen Wesenheiten in Fauna, Flora und Anorganik wünscht. Der letzte Mensch ist nicht allein, denn er lächelt „als junger Wanderbursch in den Grünzauber ringsum“[131], „in jeder Hand eine rauhe Jungkiefer“[132], und wenn er Glück hat, wird dabei auch noch „ein kurzer kalter Windstoß [...] ein Wesen für sich“[133]. Solche Gesellschaft ist genau die, die sich ebenso Thoreau als Mittel gegen die Einsamkeit wünscht: „Mein Universalheilmittel sei [...] ein Trunk unverdünnter Morgenluft!“[134]

Besuch

Und dann, als Antithese zu dieser Apotheose der Einsamkeit, folgt bei Thoreau ein Kapitel namens „Visitors“ mit dem Eingangssatz: „Ich glaube, daß ich Gesellschaft ebensosehr liebe wie die meisten Menschen“[135]. Er habe, erläutert Thoreau, drei Stühle in seiner Hütte stehen, einen für die Einsamkeit, einen zweiten für die Freundschaft, einen dritten für Gesellschaft. Man mag sich erinnern, daß Schmidts letzter Mensch in seiner guten Stube eine Couch stehen hat – wofür ist die wohl gedacht? Natürlich gibt es

---

[127] Ebd., S. 203.
[128] Ebd., S. 210.
[129] Ebd., S. 201.
[130] Ebd., S. 238.
[131] Ebd., S. 214.
[132] Ebd.
[133] Ebd., S. 254.
[134] Thoreau, *Walden*, a.a.O., S. 142. Vgl. *The Portable Thoreau*, a.a.O., S. 389: „For my panacea, [...] let me have a draught of undiluted morning air, Morning air!“

auch in den „Schwarzen Spiegeln“ eine Sehnsucht, die dem Lob der Einsamkeit zuwiderläuft. Nehmen wir nur des letzten Menschen Bekundung: „Seit fünf Jahren hatte ich keinen Menschen mehr gesehen und war nicht böse darüber; das heißt.“[136] Wieviel unterdrückte Bitternis liegt in dem Nachsatz der letzten beiden Wörter? Als Schmidts Held dann doch Besuch hat, eben von der vermeintlich letzten Frau auf Erden, Lisa, ruft er aus: „endlich! Ich mach eine Hymne drauf!“[137]

Ein gern gesehener Besucher Thoreaus, der offenbar Anspruch auf den zweiten Stuhl hat, ist ein kanadischer Holzfäller – ungebildet, manchmal einfältig, aber ein Bewunderer Homers. Auf Thoreaus Hinweis, Platos Definition des Menschen als Zweibeiner ohne Federn habe einmal jemanden veranlaßt, ein gerupftes Huhn als platonischen Menschen herumzuzeigen, fällt dem Holzfäller ein, „ein wichtiger Unterschied sei der, daß die Knie andersherum geknickt seien.“[138] Das verheißt für Schmidts Helden die seltsame Gefahr, zum gerupften Gockel werden zu können, denn als der die dicken Balken für seinen Hausbau herbeischafft, notiert er: „und die Kniee bogen sich immer steifer (wenn mal eins nach hinten schnappt: das soll es geben!).“[139]

Holzfäller der beschriebenen Art sind Mangelware, und so endet Thoreau dann doch wieder bei jenen „Gäste[n], die nicht auf Hospitalität, sondern auf *Hospitalhospitalität*

---

135 Thoreau, *Walden*, a.a.O., S. 144. Vgl. *The Portable Thoreau*, a.a.O., S. 390: „I think that I love society as much as most“.

136 Schmidt, „Schwarze Spiegel“, a.a.O., S. 203.

137 Ebd., S. 240.

138 Thoreau, *Walden*, a.a.O., S. 153. Vgl. *The Portable Thoreau*, a.a.O., S. 399: „he thought it an important difference that the knees bent the wrong way.“

139 Schmidt, „Schwarze Spiegel“, a.a.O., S. 216.

rechnen“[140], wobei der Begriff am Schluß im englischen Original „hospitalality“ heißt – sollte davon das Motto zu Schmidts „Caliban über Setebos“ – „ietsch Wonn of semm re=worded him for hiss hoßpitällittitie“[141] – beeinflußt sein?

Das Bohnenfeld

„Was soll ich von den Bohnen lernen, oder was sie von mir?“[142] Diese tiefsinnige Frage Thoreaus hätte der Gartenarbeit verachtende Schmidtsche Erzähler wohl höchstens mit einem Kopfschütteln quittiert. Bohnen baut der ja nicht an, sondern nichts anderes als Kartoffeln. Als er und Lisa „lautlos Kartoffeln rausmachen“[143], hängt Lisas Entschluß, weiterzuziehen, in der Luft – das wird seine Freude am Landbau gewiß nicht befördern.

Aber Thoreau ist, wiewohl nach ironischem eigenen Bekunden ein „agricola laboriosus“[144], doch kein Bauernfreund und damit für Schmidt durchaus nicht verloren. Am Ende des Bohnenfeldkapitels lesen wir: „der Landmann [führt] das niedrigste Leben [...]. Er kennt die Natur nur in seiner Eigenschaft als Räuber.“[145] Raubbau an der Natur aber gelten Thoreau wie Schmidt als Sünde wider das Leben.

---

[140] Thoreau, *Walden*, a.a.O., S. 155. Vgl. *The Portable Thoreau*, a.a.O., S. 402: „guests who appeal, not to your hospitality, but to your *hospitalality*“.

[141] Arno Schmidt, „Caliban über Setebos“, in Bargfelder Ausgabe, Bd. 1/3, a.a.O., S. 475-538, hier: S. 477.

[142] Thoreau, *Walden*, a.a.O., S. 158. Vgl. *The Portable Thoreau*, a.a.O., S. 405: „What shall I learn of beans or beans of me?“

[143] Schmidt, „Schwarze Spiegel“, a.a.O., S. 257.

[144] Thoreau, *Walden*, a.a.O., S. 160. Ebenso in *The Portable Thoreau*, a.a.O., S. 406.

[145] Thoreau, *Walden*, a.a.O., S. 168. Vgl. *The Portable Thoreau*, a.a.O., S. 415: „the farmer leads the meanest of lives. He knows Nature but as a robber.“

Wenngleich der Landbauaspekt des berühmten Bohnenkapitels in Schmidts „Schwarzen Spiegeln“ wenig Entsprechungen findet, präfiguriert dieses Kapitels doch ein wichtiges Merkmal des Schmidtschen Textes, nämlich die Pedantik, mit der der Held sein grimmiges Leben inszeniert. Nach eigenem Bekunden hat ihn „das Leben aus einem Pedanten zum Vaganten gemacht; nicht ohne daß sichs manchmal noch wunderlich genug mischt.“[146] Die Mischung ist in der Tat wunderlich, denn grobgebärdige Schroffheit und extreme Pingeligkeit stoßen an der Textoberfläche immer wieder scharf aneinander – verbunden sind die beiden Extreme, wenn überhaupt, nur untergründig. Da wird mit Axthieben in die Post eingebrochen und dann doch umständlich über Postleitzahlen nachgegrübelt; da wird die Auslöschung der Menschheit bejubelt, aber die Mondfinsternis abgewartet, um die Korrektheit der Kalenderführung prüfen zu können. Schmidts Erzähler ruft zwar die „Bildkraft der Seele“[147] an, traktiert den Leser aber mit umständlichen Formeln zur „Drehzahl eines Geschosses“[148] oder zum „Winkel zwischen Windrichtung und Fahrtrichtung“[149], vom Lobpreis der Logarithmen, die „adrett und ohne Falsch“[150] sind, und dem berüchtigten „Problem des Fermat“[151] einmal ganz zu schweigen.

Bei Thoreau müssen wir bei aller Grundsätzlichkeit des durchgeführten Experiments immer auf ähnliches gefaßt sein. Im Bohnenfeldkapitel erstellt der Einsiedler selbstverständlich eine Ertragsbilanz, aus der hervorgeht, daß ihm von dem Ertrag in Höhe von knapp 24 Dollar nach Abzug der Ausgaben für Saatgut, eine Hacke und fremde

---

[146] Schmidt, „Schwarze Spiegel“, a.a.O., S. 208.
[147] Ebd., S. 214.
[148] Ebd.
[149] Ebd., S. 223.
[150] Ebd., S. 250.
[151] Ebd., S. 231.

Arbeitskraft ein Erlös von etwas weniger als 9 Dollar bleiben. Thoreau ist stets so exakt wie irgend möglich und befolgt in vorauseilendem Gehorsam das Schmidtsche Gebot, mit „Namen, Zahlen, Daten“[152] zu wuchern, daß die wuchernde wilde Natur nur neidisch werden kann. Und was heißt überhaupt Wildnis? Thoreau weigert sich zwar redlich, die Natur im üblichen Stil auszubeuten, doch wäre es gefährlich, Thoreau zu einem Öko-Avantgardisten machen zu wollen, wie es auch Schmidt ja schon widerfahren ist[153]: Thoreau täuscht sich nicht darüber hinweg, daß er sich die Natur zunutze macht, daß er natürlich die Wildnis kultiviert, wenn er ihr ein Bohnenfeld – und sei es auch „ein halbzivilisiertes“[154] – abtrotzt. Ziel der Experimente, die Thoreau beim Anbau von Bohnen und anderen Feldfrüchten anstellt, ist die Maximierung des Ertrags.

Thoreau bleibt nicht dabei stehen, die Wildnis mit aufgerissenen Augen und ebensolchem Maul zu bestaunen, sondern er fängt stets gleich an, sie zu katalogisieren, zu taxieren, sie auch taxonomisch zu bestimmen. In „Schwarze Spiegel“ taucht einmal ein „Boletus subtomentosus Linné“[155] auf, der den Erzähler veranlaßt, biologische Studien anzustellen und mit seiner Fähigkeit zu protzen, „lateinische Namen, lang wie der Arm eines neunjährigen Knaben“[156], herzusagen. Wahre Orgien in der Kunst, lateinische Namen um sich zu werfen, finden sich aber weniger in Schmidts als vielmehr in Thoreaus Text, wo

---

[152] Ebd., S. 207.

[153] Vgl. Bettina Clausen, „Metamorphose und Übergang. Zum Avantgardistischen der Verfahren Arno Schmidts“, in *„Vielleicht sind noch andere Wege –“. Vier Vorträge*, Hefte zur Forschung 1 (Bargfeld: Arno Schmidt Stiftung 1992), S. 65-82.

[154] Thoreau, *Walden*, a.a.O., S. 161. Vgl. *The Portable Thoreau*, a.a.O., S. 407: „a half-cultivated field“.

[155] Schmidt, „Schwarze Spiegel“, a.a.O., S. 228.

[156] Ebd.

unzählige Arten aus Flora und Fauna exakt bestimmt werden. Anläßlich der Empfehlung, doch einmal den Portulak (Portulaca oleracea) zu kosten, begründet Thoreau sogar, warum er die exakte lateinische Bezeichnung hinzusetzt: „I give the Latin on account of the savoriness of the trivial name."[157] Das wiederum zeigt, daß auch Thoreau natürlich triviale und weniger triviale Namen nach ihrem Anmutungswert zu unterscheiden vermag, daß er also weiß, daß auch angeblich staubtrockene Namens-, Zahlen- und Datenreihen eine Suggestivkraft entwickeln und sich in Poesie verwandeln können. Auch in diesem Sinne trotzt er der Wildnis Kultur und Kunst ab.

Das Dorf

Thoreaus Kapitel „The Village" beginnt zumindest für den Hardcore-Schmidtianer mit einem Schock:

> Jeden oder jeden zweiten Tag schlenderte ich ins Dorf, um die Neuigkeiten zu vernehmen, welche [...] auf ihre Art ebenso erfrischend wirkten wie das Rascheln der Blätter und das Gequake der Frösche.[158]

Gewiß, auch Schmidts letzter Mensch bricht gern einmal auf zu einem „Dorfbummel, mit Feuerrohr und Axt"[159], aber der hat ja auch keine Gerüchteküche mehr zu fürchten, und was das gedruckte Geschwätz angeht, so sind ihm eben „*Illustrierte:* die Pest unserer Zeit"[160], die er selbstverständlich nie anrühren würde. Freilich wird

---

[157] *The Portable Thoreau*, a.a.O., S. 315. – Der Satz fehlt in der deutschen Übersetzung, S. 70.

[158] Thoreau, *Walden*, a.a.O., S. 170. Vgl. *The Portable Thoreau*, a.a.O., S. 416: „Every day or two I strolled to the village to hear some of the gossip which [...] was really as refreshing in its way as the rustle of leaves and the peeping of frogs."

[159] Schmidt, „Schwarze Spiegel", a.a.O., S. 204.

[160] Ebd., S. 206.

Thoreaus Haltung etwas erträglicher, wenn ich eine aus dem soeben zitierten Passus arglistig herausgekürzte Einschränkung nachliefere – Thoreau spricht davon, die Gerüchteküche sei, „in homöopatischen Dosen eingenommen“[161], erquickend und erfrischend. Erfrischend ist womöglich auch die Aufrichtigkeit einer solchen Bekundung, wenn man sie mit den diversen wohlfeilen Sottisen Schmidts gegen solche Laster wie Sport und Kino vergleicht.

Im übrigen kommt auch das Dorf in jenem Kapitel, das danach benannt ist, eigentlich nur in homöopatischen Dosen vor: nur kurz geht Thoreau darauf ein, beschreibt dann aber um so ausführlicher den nächtlichen Heimweg zu seinem „gemütlichen Hafen im Walde“[162]. Den Gefahren des Dorfes, namentlich derjenigen, irgendwo hereingebeten zu werden, entkommt Thoreau, „indem ich meine Gedanken auf Hohes gerichtet hielt, wie Orpheus, der ‚laut zu seiner Leier das Lob der Götter singend, der Sirenen Stimmen übertönte und der Gefahr entrann‘.“[163] Schmidts Held wünscht sich den Leierspieler bekanntlich aus anderen Gründen – „Orpheus benötigte ich dringend: der hätte mir Holz und Kohle herleiern können.“[164]

Nicht ums Dorf also geht’s im Dorfkapitel, sondern um die Flucht aus demselben – und um die Chancen, die darin liegen, sich im Dunkel der Wälder zu verlieren.

---

161 Thoreau, *Walden*, a.a.O., S. 170. Vgl. *The Portable Thoreau*, a.a.O., S. 416: „taken in homeopathic doses“.

162 Thoreau, *Walden*, a.a.O., S. 172. Vgl. *The Portable Thoreau*, a.a.O., S. 418: „snug harbor in the woods“.

163 Thoreau, *Walden*, a.a.O., S. 172. Vgl. *The Portable Thoreau*, a.a.O., S. 418: „keeping my thoughts on high things, like Orpheus, who, ‘loudly singing the praises of the gods to his lyre, drowned the voices of the Sirens, and kept out of danger.’“

164 Schmidt, „Schwarze Spiegel“, a.a.O., S. 203.

> Es ist eine ebenso überraschende und merkwürdige wie wertvolle Erfahrung, sich im Walde zu irgendeiner Zeit zu verirren. [...] Nicht eher, als bis wir verloren sind – mit andern Worten: bis wir die Welt verloren haben –, fangen wir an, uns selbst zu finden [...].[165]

Schmidts einsamer Held, der die Menschenwelt ja bereits verloren hat, verliert sich einmal ebenfalls im Wald: „*Ich hatte die Richtung drinnen verloren,* und fand mich plötzlich am Waldrand wieder, nur hundert Meter vom Schienenstrang. auf einem kleinen freien Stellchen. [...] Wunderbar!“[166] Wunderbar ist, daß er hier den Bauplatz für seine Hütte gefunden hat. Das Muster ist klar: man verliert sich im Wald und findet dadurch aus der Gemeinschaft der Menschen heraus und zu sich selbst.

Die Teiche

Schmidts Erzähler stößt im Dorf auf „eine Mühle neben zwei schönen Teichen“[167], doch so schön sie auch sein mögen, es reicht nicht, um ihnen einen prominenten Platz in der Geographie der „Schwarzen Spiegel“ zuzuweisen. Schmidt selbst wohnte bekanntlich an jenen zwei Teichen im Mühlenhof; dennoch (oder gerade deshalb?) läßt er seinen Erzähler weit teichentfernt seine Wohnstatt aufschlagen.

Bei Thoreau scheint es andersherum zu sein: er kommt gar nicht los von seinem See. Als Fünfjähriger hat er den Walden-See zum ersten Mal zu sehen gekriegt, und über

---

[165] Thoreau, *Walden*, a.a.O., S. 173 f. Vgl. *The Portable Thoreau*, a.a.O., S. 420: „It is a surprising and memorable, as well as a valuable experience, to be lost in the woods any time. [...] Not till we are lost, in other words, not till we have lost the world, do we begin to find ourselves“.

[166] Schmidt, „Schwarze Spiegel“, a.a.O., S. 214.

[167] Ebd., S. 211.

die Folgen notiert er viel später in seinem Journal: „That woodland vision for a long time made the drapery of my dreams. [...] Even I have at length helped to clothe that fabulous landscape of my imagination."[168] Thoreau verpflanzt sich den See in seine Kopfwelten und kleidet ihn dort aus; Schmidt nimmt ebenfalls eine real erlebte Landschaft in seine Gedankenspiele auf, reichert sie dort aber nicht eigentlich an, sondern räumt sie leer, vor allem natürlich von den verhaßten Menschen.

Der See ist das Zentrum von Thoreaus Experiment im Wald; das Kapitel „The Ponds" steht deshalb auch in der Mitte seines Buches. „Ein See ist der schönste und ausdrucksvollste Zug einer Landschaft. Er ist das Auge der Erde. Wer hineinblickt, ermißt an ihm die Tiefe seiner eigenen Natur."[169] Auge in Auge, Mensch in See: die „glasige Oberfläche eines Sees"[170] wird zum Spiegel, besonders in den Schmidtschen Lieblingsmonaten: „An solchen Tagen im September oder Oktober ist der Waldenteich ein vollkommener Waldspiegel [...]. Es ist ein Spiegel, den kein Stein zerschmettern kann"[171]. Mag Schmidt den See, den Teich vermeiden – der Spiegel ist natürlich da, vielfach, pfützenweise. „Schwarze Spiegel lagen viel umher"[172]. Der Einsiedler, der sich in die Natur oder gar in die Wildnis verguckt, beschaut sich am Ende selbst, und

---

168 Thoreau, zitiert nach Bode, „Introduction by the Editor", a.a.O., S. 5.

169 Thoreau, *Walden*, a.a.O., S. 188. Vgl. *The Portable Thoreau*, a.a.O., S. 435: „A lake is the landscape's most beautiful and expressive feature. It is earth's eye; looking into which the beholder measures the depth of his own nature."

170 Thoreau, *Walden*, a.a.O., S. 188. Vgl. *The Portable Thoreau*, a.a.O., S. 435: „glassy surface of a lake".

171 Thoreau, *Walden*, a.a.O., S. 190. Vgl. *The Portable Thoreau*, a.a.O., S. 437: „In such a day, in September or October, Walden is a perfect forest mirror [...]. It is a mirror which no stone can crack".

172 Schmidt, „Schwarze Spiegel", a.a.O., S. 213.

darin liegt der eigentliche Grund des Waldexperiments, dem Prinzip der „Reziproke[n] Radien“[173] gehorchend – je kleiner der a-sozialisierte Einzelne in Relation zur ihn umgebenden Szenerie wird, desto starrer wird sein Blick auf sich selbst. Fatal freilich ist es, wenn er dann diesen Blick aufs Ich nicht auszuhalten vermag, wie das offensichtlich Schmidts Erzähler bei einem seiner Experimente ergeht: „*Versuch mit einem Foto* [...] Natürlich auch mich (mit Selbstauslöser): [...] (aber ich zog – wie immer – ein so blödes Gesicht, daß mir schon das Negativ entgegenwiderte).“[174]

Baker Farm

Dies ist ein seltsames Kapitel, vorgeblich einem verlassenen Hof gewidmet, den Thoreau zu seiner Wohnstatt zu nehmen gedachte, bevor er sich für den Hüttenbau am Walden-See entschied – die Baker Farm entspräche also grob dem Haus, das Schmidts Held zunächst in der Benefelder Uferstraße bewohnt. Aber eigentlich geht es Thoreau in diesem Kapitel um ganz anderes. Beispielsweise um Orte und Horte der Gelehrsamkeit: „Statt bei irgendeinem Gelehrten anzuklopfen, stattete ich meine Besuche besonderen Bäumen ab [...]. Das waren die Altäre, zu denen ich im Sommer und Winter wallfahrtete.“[175] Und es geht um Besitz und Eigentum und den Preis, der für Besitzrechte zu bezahlen ist. Thoreaus Folgerung ist ein Rat: „Genieße das Land, doch besitze es nicht!“[176] Schmidts

---

[173] Ebd.

[174] Ebd., S. 248.

[175] Thoreau, *Walden*, a.a.O., S. 202 f. Vgl. *The Portable Thoreau*, a.a.O., S. 440: „Instead of calling on some scholar, I paid many a visit to particular trees [...]. These were the shrines I visited both summer and winter.“

[176] Thoreau, *Walden*, a.a.O., S. 208. Vgl. *The Portable Thoreau*, a.a.O., S. 455: „Enjoy the land, but own it not.“

einsamer Held hat den Rat nicht befolgt, denn er verkündet feierlich:

> »Herr von Baer (oder wie der Besitzer sonst heißt): ich danke Ihnen für die Überlassung dieser Waldstücke: ich werde hier nämlich ein Haus bauen, und nehme somit das Ganze« – ich wies ungeduldig mit der Hand um den Horizont – »in Besitz –«. (‹Erb- und eigentümlich› fiel mir noch an juristischen Formeln ein: gibts so was?)[177]

Wie sollte es Erbtümer geben in einer Welt ohne Nachkommenschaft?

Höhere Gesetze

Keineswegs um ‚juristische Formeln' geht es in diesem Kapitel, sondern um ein höheres, reineres Leben und ein dieses entgegengesetztes wildes, rohes Leben. Und „ich achte sie beide"[178], behauptet Thoreau und spricht damit jenem Zwitterdasein das Wort, das bei Schmidt zu der zweiseitigen Münze von Pedant und Vagant geprägt ist. Thoreau versucht, unter Rückgriff auf zwei widerstreitende Verlockungen seine Einstellung zum Jagen und Fischen zu erläutern. Einmal, schildert er, habe er im abendlichen Halbdunkel ein Murmeltier gesehen und sei von einem tierischen Verlangen ergriffen worden, es sich zu greifen und mit Haut und Haar zu verschlingen: „nicht, daß ich hungrig gewesen wäre, es sei denn nach jener Wildheit, die es in sich verkörperte."[179] Dieser Hunger

---

[177] Schmidt, „Schwarze Spiegel", a.a.O., S. 215.

[178] Thoreau, *Walden*, a.a.O., S. 210. Vgl. *The Portable Thoreau*, a.a.O., S. 457: „I reverence them both".

[179] Thoreau, *Walden*, a.a.O., S. 210. Vgl. *The Portable Thoreau*, a.a.O., S. 456: „not that I was hungry then, except for that wildness which he represented."

danach, etwas Barbarisches anzunehmen, ist hauptverantwortlich dafür, daß unsere beiden Autoren überhaupt ihre Experimente in Angriff genommen haben – Thoreau in Tat, Schmidt in Wort. Thoreau versucht das Fischen und das Jagen zu rechtfertigen, indem er darin natürliche Instinkte ausmacht, die ausgelebt werden wollen. Bei Schmidt, der sich eigentlich viel barbarischer gebärdet als Thoreau, ist dieser Instinkt seltsamerweise nur in einer ausgesprochen keimfreien Version vorhanden. Zwar ist da eher unspezifisch von „Silent killing“[180] die Rede, doch aufgezählt werden ausschließlich die zur Verfügung gestellten Mordinstrumente, keine erlegten Opfer – von der Sperrholzscheibe einmal abgesehen. Schmidts autarker letzter Mensch ist offenbar ganz Sammler und gar nicht Jäger; wir erleben nie, daß er sich um anderes Fleisch kümmert als um solches aus Dosen.

Nun ist aber auch Thoreau kein rechter Barbar. „Wir sind uns des Tieres in uns bewußt“[181], stellt er zwar klar, und im Fischen (das bei Schmidt gar nicht vorkommt) bringt er es zu erklecklicher praktischer Kenntnis, doch auch das, was bei Schmidt „Abscheu vorm Organischen“[182] heißt, rührt sich bei Thoreau: „Merkwürdig ist nur, wie sie, du und ich, wir alle, essend und trinkend, dies schleimige, tierische Leben führen mögen.“[183] Thoreau bekennt, über Jahre hinweg Fleisch, Tee, Kaffee und ähnliche Anfechtungen gemieden zu haben, „weil sie meinen Vorstellungen [im Original steht: „my imagination“]

---

[180] Schmidt, „Schwarze Spiegel“, a.a.O., S. 228.

[181] Thoreau, *Walden*, a.a.O., S. 218. Vgl. *The Portable Thoreau*, a.a.O., S. 465: „We are conscious of an animal in us“.

[182] Schmidt, „Schwarze Spiegel“, a.a.O., S. 229.

[183] Thoreau, *Walden*, a.a.O., S. 218. Vgl. *The Portable Thoreau*, a.a.O., S. 465: „The wonder is how they, how you and I, can live this slimy beastly life, eating and drinking.“

nicht zusagten."[184] Diese Begründung hätte Schmidt womöglich gefallen, nicht jedoch, daß sie auch dazu herhalten mußte, sich Alkoholika zu versagen, die dem letzten Menschen der Schwarzen Spiegel und seiner Imagination doch gerade sehr zuzusagen scheinen: „Ich habe immer nur getrunken, um die Bildkraft der Seele zu steigern"[185]. „Und der Malaga, Scholtz hermanos, rann wie aromatisches Feuer in meinem Zimmermannsschlund"[186], „und ich soff, bis die Grauhaarigen um mich torkelten."[187] Thoreau hält dagegen:

> Ich bin aus dem gleichen Grunde froh, so lange Zeit Wasser getrunken zu haben, wie ich den natürlichen Himmel dem Paradies des Opiumrauchers vorziehe. Ich möchte gerne immer nüchtern bleiben, doch es gibt unzählige Grade von Trunkenheit.[188]

Damit läuft er Gefahr, mitgemeint zu sein, wenn Schmidts Held verkündet: „Nur Narren oder etoilierte Ästheten sind Abstinenzler [...] Außerdem kann ich Menschen ohne Gelüste nicht ausstehen. – Überhaupt keine!"[189] Den „etoilierten[n] Ästheten" braucht Thoreau allerdings nicht auf sich sitzen zu lassen, denn er beklagt sich auch über falsche Scham und das ständige Herumreden ums sogenannt Unreine:

---

[184] Thoreau, *Walden*, a.a.O., S. 214. Vgl. *The Portable Thoreau*, a.a.O., S. 461: „because they were not agreeable to my imagination."

[185] Schmidt, „Schwarze Spiegel", a.a.O., S. 214.

[186] Ebd., S. 218.

[187] Ebd., S. 220.

[188] Thoreau, *Walden*, a.a.O., S. 216. Vgl. *The Portable Thoreau*, a.a.O., S. 463: „I am glad to have drunk water so long, for the same reason that I prefer the natural sky to an opium-eater's heaven. I would fain keep sober always; and there are infinite degrees of drunkenness."

[189] Schmidt, „Schwarze Spiegel", a.a.O., S. 222.

> Wir besprechen frei und ohne Schamgefühl *eine* Form der Sinnlichkeit und schweigen über eine andre. Wir sind so tief gesunken, daß wir nicht einfach von den nötigen Funktionen der menschlichen Natur sprechen können.[190]

Geradeheraus gesagt: Thoreaus Gesetze bieten Platz für Mondschein und für Scheiße.

Meine Nachbarn, die Tiere

Thoreaus „Brute Neighbors“ sind Angelwürmer, Mäuse, Rebhühner und andere Vögel, Fischotter, Waschbären, Ameisen, Katzen – undsoweiter fast ohne Ende. Ein solches Bestiarium hat Schmidt nicht einmal ansatzweise zu bieten; der Vergleich mit Thoreau zeigt, daß die Welt der „Schwarzen Spiegel“ nicht nur menschen-, sondern eigentlich auch recht tierleer ist. Nur zu einem geringen Teil gehört das zur Basisfiktion des überstandenen Atomschlags: zwar hat Schmidt sich den Spaß erlaubt, mit den Menschen auch seine anderen Lieblingsfeinde, die Insekten, fast auszurotten, doch andere Spezies betrifft das nicht. Wo also bleibt das liebe Viehzeug? Ein Rotpelz immerhin ist kurzzeitig Nachbar: „Nebenan im Fuchsheim“[191]. Wölfe werden einmal erwähnt, Wildschweine, wohl auch einmal Kühe, doch direkt auftreten mögen sie offenbar nicht. Im gefiederten Reich sieht es kaum anders aus: „Alle Vögel versteckt; nur drüben kreischte maschinen das Häherpaar.“[192] Eichelhäher zählen auch bei Thoreau zu den häufigsten Komparsen; warum diesen Kreischmaschinen

---

[190] Thoreau, *Walden*, a.a.O., S. 220 f. Vgl. *The Portable Thoreau*, a.a.O., S. 467: „We discourse freely without shame of one form of sensuality, and are silent about another. We are so degraded that we cannot speak simply of the necessary functions of human nature.“

[191] Schmidt, „Schwarze Spiegel“, a.a.O., S. 203.

[192] Ebd., S. 249.

bei Schmidt grundsätzlich die Eichel im Namen vorenthalten wird, mögen wir uns im übrigen nicht fragen.

Einmal scheint Schmidts Held die Unterrepräsentanz der Fauna immerhin selbst zu bemerken: „eine Maus hätte ich gerne gehabt (das heißt: gesehen!)“[193] Am Walden-Teich hätte er reichlich Gelegenheit gehabt, denn bei Thoreau bringt es eine sogar fast zum Haustier: „Sie hatte wahrscheinlich nie vorher einen Menschen gesehen; bald war sie ganz zahm und lief über die Schuhe und an den Kleidern in die Höhe.“[194] Ehemalige Haustiere entwickeln sich in der Wildnis offenbar in die andere Richtung: „Einmal traf ich beim Beerensuchen eine Katze mit jungen Kätzchen im Walde, die alle ganz verwildert aussahen und, gleich der Mutter, einen Buckel machten und mich wütend anfauchten.“[195] Die prominenteste Wildkatze in den „Schwarzen Spiegeln“ ist nun freilich eine zweibeinige: Lisa wird gleich zu Beginn der Bekanntschaft als „Die Wildkatze“[196], später dann als „die alte Wildkatze“[197] bezeichnet. Wenn man des Erzählers schon vor Lisas Auftauchen geäußerte Überlegung berücksichtigt, „Eine Katze müßte man zähmen können [...]; immerhin müßte man sie noch leicht zurück-domestizieren können“[198], dann wird wohl verständlich, warum Lisa sich schon nach wenigen Wochen wieder auf den Weg macht. Das nicht

---

[193] Ebd., S. 230.

[194] Thoreau, *Walden*, a.a.O., S. 225. Vgl. *The Portable Thoreau*, a.a.O., S. 472: „It probably had never seen a man before; and it soon became quite familiar, and would run over my shoes and up my clothes.“

[195] Thoreau, *Walden*, a.a.O., S. 232. Vgl. *The Portable Thoreau*, a.a.O., S. 478: „Once, when berrying, I met with a cat with young kittens in the woods, quite wild, and they all, like their mother, had their backs up and were fiercely spitting at me.“

[196] Schmidt, „Schwarze Spiegel“, a.a.O., S. 241.

[197] Ebd., S. 251.

[198] Ebd., S. 228.

zurückdomestizierte Katzendasein ist freilich mit Gefahren verbunden, wie Thoreau schon in seinem Eingangskapitel anhand einer entlaufenen Katze schildert: „sie schlug sich in die Wälder, verwilderte und geriet, wie ich später erfuhr, in eine für Murmeltiere gestellte Falle, wo sie verendete.“[199] (Wer irgend kann, sollte diese Stelle unbedingt im Original lesen!)

Die erstaunlichsten „Brute Neighbors“, die Thoreau schildert, sind Ameisen: der Einsiedler zu Walden wird Zeuge eines wahrhaft bestialischen Krieges zweier Ameisenvölker. „Was die Zahl und das Gemetzel anbelangt, so war es ein Austerlitz und Dresden. Gefecht bei Concord!“[200] Aufs präziseste und unterkühlteste beschreibt der Experimentator und Naturkundler Thoreau die Wunden der kleinen Krieger – die in den „Schwarzen Spiegeln“ gegebenen Beschreibungen von Knochengerippen und schuhlang herausplatzenden Gedärmen wirken dagegen fast harmlos. So ist Thoreau also imstande, am scheinbar friedvollen Walden-See auch Schmidts atomare Katastrophe in gewisser Hinsicht vorwegzunehmen. Selbst von den Angelwürmern heißt es: „ihr Geschlecht ist fast erloschen.“[201] Immer wieder ein neues Experiment, ein stinkiges! Folgerichtig erscheint gegen Ende des Kapitels ein „dämonische[s] Lachen“[202], ausgestoßen allerdings

---

[199] Thoreau, *Walden*, a.a.O., S. 53. Vgl. *The Portable Thoreau*, a.a.O., S. 298: „she took to the woods and became a wild cat and, as I learned afterward, trod in a trap set for woodchucks, and so became a dead cat at last.“

[200] Thoreau, *Walden*, a.a.O., S. 229. Vgl. *The Portable Thoreau*, a.a.O., S. 476: „For numbers and for carnage it was an Austerlitz or Dresden. Concord Fight!“

[201] Thoreau, *Walden*, a.a.O., S. 224. Vgl. *The Portable Thoreau*, a.a.O., S. 470: „the race is nearly extinct.“

[202] Thoreau, *Walden*, a.a.O., S. 235. Vgl. *The Portable Thoreau*, a.a.O., S. 481: „demonic laughter“.

nicht vom Leviathan, sondern von einem Eistaucher, dem sich Thoreau auf dem See vergeblich zu nähern versucht.

Heizung

In Thoreaus Neuengland scheint der Sommer kürzer zu sein als in Schmidts Norddeutschland. „Schon am ersten September sah ich [...] zwei bis drei kleine Ahornbäume über dem Teich, die sich in roten Scharlach gekleidet hatten"[203], berichtet Thoreau. Das veranlaßt ihn, mit dem Bau eines Kamins zu beginnen. Schmidts letzter Mensch geht das Kälteproblem bescheidener an, denn der hat nicht nur „keine gemauerten Schornsteine"[204], sondern trifft auch keine Anstalten, das zu ändern – er behilft sich mit Öfen und Rohren durch die Außenwände. Damit entgehen ihm nicht nur neue handwerkliche Erfahrungen („Als ich daranging, mir einen Kamin zu bauen, studierte ich das Maurerhandwerk"[205]), sondern in Thoreaus Augen wird Schmidts Held dadurch auch noch einsamer. Thoreau zieht das offene Feuer dem Ofen vor: „Der Ofen [...] verbarg [...] das Feuer, und ich hatte das Gefühl, als ob ich einen Freund verloren hätte. Man sieht immer gern dem Feuer ins Angesicht."[206]

Thoreau, der ja in seinem Eingangskapitel alle Grundbedürfnisse auf den Wärmebedarf zurückgeführt hat, schätzt die Gefahren der Kälte als immens ein:

---

[203] Thoreau, *Walden*, a.a.O., S. 238 f. Vgl. *The Portable Thoreau*, a.a.O., S. 484: „Already, by the first of September, I had seen two or three small maples turned scarlet across the pond".

[204] Schmidt, „Schwarze Spiegel", a.a.O., S. 218.

[205] Thoreau, *Walden*, a.a.O., S. 239. Vgl. *The Portable Thoreau*, a.a.O., S. 485: „When I came to build my chimney I studied masonry."

[206] Thoreau, *Walden*, a.a.O., S. 251 f. Vgl. *The Portable Thoreau*, a.a.O., S. 498: „The stove [...] concealed the fire, and I felt as if I had lost a companion. You can always see a face in the fire."

> Auch brauchen wir uns nicht anzustrengen, darüber nachzugrübeln, wie das Menschengeschlecht schließlich zugrunde gehen wird. Es wäre jederzeit leicht, mit einem etwas schärferen Blasen aus Norden den Faden abzuschneiden.[207]

Kein Wunder also, daß bei Schmidt die Winterkälte eine geringere Rolle spielt, denn in seinem Text ist die Menschenrasse ja schon ausgelöscht. „Einmal blies es 50 Stunden lang aus Osten, daß ich minus 33 ablas“[208]: das wird vom Überlebenden registriert, aber nicht als Bedrohung empfunden. Wiewohl Schmidts Held nach eigenem Bekunden in einem „frühen und harten Winter“[209] verschwindet, ist dieser Winter im Text dann nicht länger als ein paar dürre Zeilen und dient vornehmlich als Gelegenheit, das Problem des Fermat zu lösen. Thoreau hingegen stellt im Winter ganz andere Berechnungen an, unternimmt umfangreiche Experimente mit Eis und Luftblasen und gibt eine längere Liste mit den genauen Daten, an denen sein See in verschiedenen Jahren zufror. Bei Schmidt lesen wir bloß: „Im Januar fror der Bach und ich mußte viel Eis schmelzen“[210]. Der Stoßseufzer „der Winter blieb uns nicht erspart“[211] gilt gerade nicht für Schmidts Leser. Also: der Winter scheint Schmidt und seinen Helden nicht zu interessieren – wohl aber die Vorwinterszeit, ein warmer Herbst zumal: „Letzte schöne Tage; Indian Summer (Noch am Abend plus 16 Grad).“[212] Der Begriff, der in

---

207 Thoreau, *Walden*, a.a.O., S. 251. Vgl. *The Portable Thoreau*, a.a.O., S. 498: „nor need we trouble ourselves to speculate how the human race may be at last destroyed. It would be easy to cut their threads any time with a little sharper blast from the north.“

208 Schmidt, „Schwarze Spiegel“, a.a.O., S. 231.

209 Ebd.

210 Ebd.

211 Ebd., S. 250.

212 Ebd., S. 229.

diesem Zitat für die Kombination von Wildheit und Behagen einsteht, stammt natürlich aus Thoreaus Neuengland und kommt deshalb auch im *Walden*-Text vor: „the last two days had been very warm, like an Indian summer“[213].

Auch für Thoreau dient die Wärmeerzeugung selbstredend nicht nur zur Sicherung des körperlichen Überlebens, sondern füttert auch Imagination und Poesie. Thoreau setzt zum Höhenflug eines Gedichts an: „Du leicht beschwingter Rauch, ikarischer Vogel“[214]. Leider muß es, wie Schmidts Text zeigt, nach jedem Höhenflug wieder abwärts gehen, notfalls im freien Fall und notfalls sogar am Bloomsday: „Pilâtre de Rozier, abgestürzt am 16. 6. 1785, der Erste der langen Reihe, Ikarus unpräjudizierlich“[215]. Ursache für den Absturz ist ausgerechnet der Wärmespender Feuer, nämlich in Gestalt einer „brennende[n] Montgolfière“[216].

Frühere Bewohner und Wintergäste

Nach dem Weltenbrand ist der Überlebende allein, doch die Hinterlassenschaften seiner Mitmenschen bleiben ihm als Fanal vor Augen – „die leeren Schalen der Häuser“[217]. Immer wieder sucht Schmidts Held die Ruinen auf und kann eine gewisse Wehmut doch nicht verleugnen. „*Kolonie Hünzingen:* früher waren hier Lichter gewesen für den nächtigen Wanderer“[218] Einmal geht die Wehmut sogar in Verzweiflung über: „Ich ging zum Brunnenschacht und

---

[213] *The Portable Thoreau*, a.a.O., S. 492. – In der deutschen Fassung abweichend; vgl. Thoreau, *Walden*, a.a.O., S. 245: „Da aber die beiden letzten Tagen warm wie im Spätsommer gewesen waren“.

[214] Thoreau, *Walden*, a.a.O., S. 250. Vgl. *The Portable Thoreau*, a.a.O., S. 497: „Light-winged Smoke, Icarian bird“.

[215] Schmidt, „Schwarze Spiegel“, a.a.O., S. 214.

[216] Ebd.

[217] Ebd., S. 202.

[218] Ebd., S. 230.

lehnte mich über die feuchte hallende Röhrung [...] In der modernen Ruine: [...] Tiefe Traurigkeit: Ich strich mit der Hand über das mühsam Gemauerte“[219]. Die tiefe Traurigkeit, wohlgemerkt, gilt nicht dem Schicksal der Menschen selbst, sondern dem Schicksal ihrer nicht fertiggewordenen Behausungen.

Thoreau würde wohl gerade fertiggewordene Behausungen betrauern: entscheidend am Hausbau ist ihm nicht eigentlich die Statik des fertigen Hauses, sondern eher die Dynamik des Bauens. Wohl ist *Walden* eher ein Plädoyer fürs Sich-Einrichten als fürs Nomadisieren; wohl beruht auch das zweite große Experiment von Walden neben dem Hausbau, nämlich der Ackerbau auf dem Bohnenfeld, auf einer Entscheidung für die Seßhaftigkeit – als dynamisches, jedes Ankommen und Fertigwerden verweigerndes Element tritt dem Bild des Hausbaus bei Thoreau aber stets eine „Metaphorik der Bewegung“ und „insbesondere des Wanderns“[220] zur Seite. Thoreau bleibt auch als Seßhafter stets in Bewegung.

Ständig durchstreift Thoreau von seiner Hütte aus die Wälder, auch auf der Suche nach Gesellschaft: „oft trabte ich acht bis zehn Meilen weit durch den Schnee, zu einem Rendezvous mit einer Buche, einer Gelbbirke oder einer alten Bekannten unter den Tannen.“[221] Auch menschliche Gesellschaft wird in der entmenschlichten Wildnis gesucht und gefunden: „Um menschliche Gesellschaft zu genießen, mußte ich die früheren Bewohner dieser Wälder

---

[219] Ebd., S. 210.

[220] Dieter Schulz, *Amerikanischer Transzendentalismus. Ralph Waldo Emerson, Henry David Thoreau, Margaret Fuller* (Darmstadt: Wissenschaftliche Buchgesellschaft 1997), S. 18.

[221] Thoreau, *Walden*, a.a.O., S. 261. Vgl. *The Portable Thoreau*, a.a.O., S. 508: „I frequently tramped eight or ten miles through the deepest snow to keep an appointment with a beech tree, or a yellow birch, or an old acquaintance among the pines“.

heraufbeschwören."[222] Wie Schmidts letzter Mensch, so sucht auch Thoreau die Ruinen früherer Behausungen auf und spricht den Verblichenen ihr Epitaph: „‚Knochen seid ihr, nichts als Knochen.' Bei dem Eichenunterholz, das jetzt dort steht, fand ich nur ein paar Backsteine."[223] Und natürlich ist auch Thoreau imstande, sich die verschwundenen Menschen herbeizuimaginieren, etwa am früheren Standort einer Taverne: „Hier also begrüßten einander die Menschen, erzählten und ließen sich erzählen und gingen wieder ihres Weges."[224] (Im Original steht statt „begrüßten" das viel schönere „saluted".) Schmidts letzter Mensch imaginiert ja sogar seinen Autor, bevor er seiner Wege geht: „Ich salutierte den beinernen Poeten mit der Flasche [...] und schritt bergauf längs den verwilderten Kleingärten."[225]

Manche „feuchte hallende Röhrung" gibt Thoreau Gelegenheit, ganz im Schmidtschen Sinne zu schwarzen Spiegelungen anzusetzen:

> Manchmal ist der Brunneneinschnitt sichtbar, wo vordem eine Quelle hervorsickerte; [...] oder sie wurde, als der Letzte seines Geschlechtes Abschied nahm, tief zugedeckt [...]. Was für eine traurige Handlung das sein muß, das Zumachen des Brunnens! [...] Diese Kellereinsenkungen, verlassenen Fuchsbauen oder alten Erdlöchern vergleichbar, sind alles, was von der

---

[222] Thoreau, *Walden*, a.a.O., S. 253. Vgl. *The Portable Thoreau*, a.a.O., S. 499 f.: „For human society I was obliged to conjure up the former occupants of these woods."

[223] Thoreau, *Walden*, a.a.O., S. 254. Vgl. *The Portable Thoreau*, a.a.O., S. 501: „'Ye are all bones, bones!' I have seen bricks amid the oak copse there."

[224] Thoreau, *Walden*, a.a.O., S. 255. Vgl. *The Portable Thoreau*, a.a.O., S. 502: „Here then men saluted one another, and heard and told the news, and went their ways again."

[225] Schmidt, „Schwarze Spiegel", a.a.O., S. 219.

> Stelle übrigblieb, an der einst Menschen sich emsig regten und schafften und ‚Schicksal, freier Wille und absolutes Vorauswissen' in einer oder der anderen Form, in dem einen oder andern Dialekt besprochen wurde.[226]

Sind das nicht wahrhaft Schmidtsche Themen? Und dann träumt Thoreau auch noch von einer „Karawanserei an der Landstraße der Welt"[227], die womöglich durch Cordingen führt – trifft Schmidts letzter Mensch doch auf „Das Karawanserai gegenüber"[228] vom Cordinger Bahnhof!

Wintertiere

Im Gegensatz zu Thoreaus Text hat der Schmidtsche keine „Winter Animals" zu bieten, da er ja, wie gezeigt, eigentlich gar keinen Winter kennt. Bei Thoreau sind die Wintertiere auch nicht unbedingt viel zu sehen, aber immer zu hören. Das entsprechende Kapitel handelt vornehmlich von Geräuschen – hervorgerufen durch Eulen, andere Vögel, das Eis (als sei es ein weiteres Tier!), Füchse und Eichhörnchen, Mäuse und Hasen. Da es Thoreau besonders die Eulen angetan haben, schreibt er ihnen „die wahre [...] *lingua vernacula* des Waldenwaldes" zu, und die geht so: „Hu-hu-hu-hurru-

---

[226] Thoreau, *Walden*, a.a.O., S. 259. Vgl. *The Portable Thoreau*, a.a.O., S. 506: „Sometimes the well dent is visible, where once a spring oozed; [...] or it was covered deep [...] when the last of the race departed. What a sorrowful act must that be - the covering up of wells! [...] These cellar dents, like deserted fox burrows, old holes, are all that is left where once were the stir and bustle of human life, and 'fate, free-will, foreknowledge absolute,' in some form and dialect or other were by turns discussed."

[227] Thoreau, *Walden*, a.a.O., S. 264. Vgl. *The Portable Thoreau*, a.a.O., S. 512: „a caravansary on the world's highway".

[228] Schmidt, „Schwarze Spiegel", a.a.O., S. 211

hu“[229]. Zu sehen kriegt er im Winter vornehmlich das rote Eichhörnchen (Sciurus Hudsonius), das aber flink ist: „Plötzlich war es unversehens auf dem Gipfel einer jungen Pechtanne“[230]. Hier lohnt es sich, einmal in den Originaltext von *Walden* zu schauen, denn das, was die deutsche Übersetzung mit einem dürren „Plötzlich“ überdeckt, ist die schöne Redewendung „before you could say Jack Robinson“. Arno Schmidt kennt sie; sein Held denkt beim Schußwechsel über die Möglichkeit nach, den Gegner „wegzuputzen, eh er noch Jack Robinson sagen könnte.“[231] Dies, es sei ausdrücklich festgehalten, ist freilich alles andere als ein Nachweis, daß Schmidt sich von Thoreau hat inspirieren lassen, denn die Jack-Robinson-Floskel ist in der englischen und amerikanischen Literatur spätestens seit Fanny Burneys Roman *Evelina* (1778) einigermaßen verbreitet.[232] Bemerkenswert immerhin bleibt, daß Jack Robinson sehr schön in zwei Texte hineinpaßt, die seinem Namensvetter *Robinson Crusoe* doch mancherlei verdanken – Zufall muß die Zitierung der Wendung durch Thoreau wie Schmidt also keineswegs sein.

---

[229] Thoreau, *Walden*, a.a.O., S. 269. Vgl. *The Portable Thoreau*, a.a.O., S. 514: „the very *lingua vernacula* of Walden Wood [...] Hoo hoo hoo, hoorer hoo“.

[230] Thoreau, *Walden*, a.a.O., S. 271. Vgl. *The Portable Thoreau*, a.a.O., S. 516: „then suddenly, before you could say Jack Robinson, he would be in the top of a young pitch pine“.

[231] Schmidt, „Schwarze Spiegel“, a.a.O., S. 239.

[232] Hinweis von Heinrich Schwier, dem hierfür wie überhaupt für mannigfaltige Informationen und ausführliche Gespräche über Schmidts „Schwarze Spiegel“ und vielfältiges mehr sehr gedankt sei. – Die wahrscheinlichste Quelle Schmidts für die Kenntnis der Wendung scheint mir inzwischen Dickens' „Christmas Carol“, ein Text, von dem sich nachweisen läßt, daß Schmidt ihn (auch in englischer Sprache) in den Nachkriegsjahren gekannt hat.

Der Teich im Winter

Der „Pond in Winter“ findet bei Schmidt aufgrund der Winterlosigkeit der „Schwarzen Spiegel“ wiederum keine rechten Entsprechungen. Immerhin steht Thoreau doch nicht allein mit seiner Meinung, Eis sei „ein interessanter Gegenstand zur Untersuchung und Beobachtung.“[233] Zwar beschäftigt Schmidt sich nicht wie Thoreau mit Arbeitern, die winters aus Seen Eis für sommerliche Erfrischungen gewinnen, doch anläßlich seiner Kindheitserinnerungen verfolgt Schmidts Erzähler immerhin „Eisblumen [...] bis ans flache Ufer eines weiten gefrorenen Sees“[234].

Bemerkenswert ist, daß das Ufer flach ist. Thoreau nutzt den gefrorenen und mithin begehbaren Zustand des Walden-Sees zu ausführlichen Lotungs- und Vermessungsarbeiten. In penibler Kleinarbeit erforscht er detailliert das Tiefenprofil des Sees und zieht daraus seine Schlüsse. (Wer sich wundert, daß Thoreau das kann, sollte wissen, daß er einmal unterhaltshalber als Landvermesser gearbeitet hat – eine Tätigkeit, die Schmidt ebensosehr gefallen sollte wie die Aushilfstätigkeit Thoreaus in der väterlichen Bleistiftmanufaktur, wo er sogar eine spezielle verbesserte Graphitmine erfand. „Flink [ziehen] sich die Symbole aus dem Bleistift“[235], als Schmidts Erzähler sich an das Problem des Fermat macht – Spekulation und praktische Naturwissenschaften sind eng verkoppelt.) Thoreau betreibt seine Seevermessung, um das Vorurteil seiner Zeitgenossen aus der Welt zu schaffen, es handele sich beim Walden-Teich um einen grundlosen See. „Es ist merkwürdig, wie lang die Menschen an die bodenlose Tiefe eines Sees zu glauben pflegen, ohne sich die Mühe

---

[233] Thoreau, *Walden*, a.a.O., S. 289. Vgl. *The Portable Thoreau*, a.a.O., S. 538: „Ice is an interesting subject for contemplation.“

[234] Schmidt, „Schwarze Spiegel“, a.a.O., S. 256.

[235] Ebd., S. 232.

zu machen, ihn zu messen."[236] Thoreau gibt sich nicht damit zufrieden, dem Gerede der Leute zu folgen, sondern geht den Dingen im Wortsinne auf den Grund. Dem spekulativen Tiefsinn setzt er nicht Flachheit, wohl aber Erkenntnis entgegen: er weiß, daß „der Einblick und Fernblick des Geologen dazu gehört, die nichtsahnenden Bewohner von dieser Tatsache zu überzeugen."[237] Es stellt sich schnell heraus, daß der See vergleichsweise flach ist, und natürlich kann Thoreau diese Flachheit präzise quantifizieren – so tritt die Gewißheit an die Stelle des Glaubens.

Thoreaus Lotungsarbeiten am gefrorenen See sind eine Schlüsselpassage von *Walden*, denn sie reichen tiefer als bloß auf den Grund des Sees. Sie führen uns auf ein Thoreausches Grundprinzip, das auch ein Grundprinzip Schmidts ist: das Prinzip der Wahrheitssuche durch Nachprüfen und Vermessen. Thoreau selbst erläutert, wogegen er da anmißt: „Solange die Menschen an das Unendliche glauben, wird es Seen geben, die für bodenlos gehalten werden."[238] Solchen schwafelnden Bodenlosigkeiten begegnet Thoreau mit dem Überprüfen der Fakten, und darin unterscheidet er sich radikal von seinem transzendentalistischen Ziehvater Ralph Waldo Emerson, bei dem an „die Stelle der Erfahrung [...] die mystische Schau"[239] tritt. Thoreau ist nicht daran interessiert, im

---

[236] Thoreau, *Walden*, a.a.O., S. 280. Vgl. *The Portable Thoreau*, a.a.O., S. 527: „It is remarkable how long men will believe in the bottomlessness of a pond without taking the trouble to sound it."

[237] Thoreau, *Walden*, a.a.O., S. 281. Vgl. *The Portable Thoreau*, a.a.O., S. 529: „it requires the insight and the far sight of the geologist to convince the unsuspecting inhabitants of this fact."

[238] Thoreau, *Walden*, a.a.O., S. 281. Vgl. *The Portable Thoreau*, a.a.O., S. 528: „While men believe in the infinite some ponds will be thought to be bottomless."

[239] Schulz, *Amerikanischer Transzendentalismus*, a.a.O., S. 125.

Bodenlosen oder – wie es dann bei Schmidt heißt – „im Sinnlosen zu stochern“[240]; „feinsinnig werden, eh? Und ich bummelte empört weiter über die Schwellen“[241]. Auf den Schwellen der Grundfesten, auf dem Boden der vermeßbaren Welt bleiben Thoreau und Schmidt gegen die Anfechtungen des fein- und tiefsinnigen Unendlichkeitswahns gefeit. Zu lernen wäre bei diesen beiden Autoren, warum der präzise und beharrliche Blick auf die Oberfläche der Phänomene in der Regel ergiebiger ist als das Gründeln im Tiefsinn. (Wer nun meint, mit diesem Argument solle ganz nebenbei auch die Oberflächlichkeit dieses Aufsatzes schöngeredet werden, der möge das gern meinen.)

Zu lernen wäre freilich weiterhin, daß sich aus den durch Messung und Nachprüfung erhobenen Einzelbefunden vermittels Abstraktion weitergehende Schlüsse ableiten lassen. Die Lotungen im Walden-See bringen Thoreau auf ein Theorem, das einen Zusammenhang zwischen dem Oberflächenumriß und dem Tiefenprofil eines zu- und abflußfreien stehenden Gewässers postuliert, und sogleich überprüft Thoreau dieses Theorem an anderen Seen – mit Erfolg. Das ist ein klassisches Beispiel für deduktiven Erkenntnisgewinn. „Sind also Länge und Breite einer Bucht und der Charakter des umgebenden Ufers gegeben, so sind fast Elemente genug vorhanden, um für alle Fälle eine Formel zu konstruieren.“[242] Nicht nach den Beschwörungsformeln des Metaphysikers sucht Thoreau, sondern nach den Formeln der mathematisch-

---

240 Schmidt, „Schwarze Spiegel“, a.a.O., S. 229.

241 Ebd., S. 211.

242 Thoreau, *Walden*, a.a.O., S. 283. Vgl. *The Portable Thoreau*, a.a.O., S. 530 f.: „Given, then, the length and breadth of the cove, and the character of the surrounding shore, and you have almost elements to make out a formula for all cases.“

naturwissenschaftlichen Weltdurchdringung. Von hier zu Fermat ist es nicht weit.

Frühling

Fast könnten die Frühlingsgefühle mit ihrem verführerischen Hang zum Schwärmertum den Erkenntnisgewinn der Teichvermessung wieder gefährden, denn als das Leben neu erwacht und das Anorganische wiederum von Flora und Fauna verdrängt wird („Die Erde ist [...] keine fossile Erde, sondern eine lebende Erde“[243]), gibt sich Thoreau einem gewissen Hang zur Spekulation hin. Unter Anwendung einer freilich wohl doch nicht ganz ernstgemeinten Pseudoetymologie bringt er den menschlichen Körper mit dem Blatt eines Baums in einen Zusammenhang und redet einem strukturellen Ähnlichkeitswahn das Wort, daß jedem Anthroposophen warm ums Herz werden müßte:

> Ist nicht die Hand mit ihren Lappen und Adern ein sich ausbreitendes Palmenblatt? [...] Der diese Erde schuf, patentierte nur ein Blatt. Welcher Champollion wird uns diese Hieroglyphe entziffern, damit wir endlich ein neues Blatt umwenden können?[244]

Dann aber scheint Thoreau einen Schritt vom Gemälde, an dem er da pinselt, zurückzutreten und einen größeren Rahmen zu erkennen, in dem eben auch die Funktion dieses Hanges zur Spekulation deutlich wird. Thoreau

---

[243] Thoreau, *Walden*, a.a.O., S. 300. Vgl. *The Portable Thoreau*, a.a.O., S. 549: „The earth is [...] not a fossil earth, but a living earth“.

[244] Thoreau, *Walden*, a.a.O., S. 299 f. Vgl. *The Portable Thoreau*, a.a.O., S. 548: „Is not the hand a spreading palm leaf with its lobes and veins? [...] The Maker of this earth but patented a leaf. What Champollion will decipher this hieroglyphic for us, that we may turn over a new leaf at last?“

besinnt sich wieder auf die widerstreitenden Sehnsüchte des Menschen:

> Sobald wir es uns ernstlich angelegen sein lassen, alles zu erforschen und zu lernen, verlangen wir zu gleicher Zeit, daß alles geheimnisvoll und unerforschbar sei, daß Land und Meer unendlich wild und von uns unergründet bleiben, weil sie unergründlich seien. Wir können von der Natur nie genug bekommen.[245]

Mit anderen Worten: die Erkenntnis, daß Unendlichkeit nicht zu haben ist, ändert nichts daran, daß die untergründig fortwirkende Unendlichkeitssehnsucht des Menschen nicht zu stillen ist. Womit wir beim Wesenskern der frühen Nachkriegshelden Schmidts angelangt wären, die nie verzweifelter sind als in jenen Momenten, in denen sie erkennen, daß ihnen keine Rückzugs- und Fluchträume mehr bleiben. Mag der letzte Mensch der „Schwarzen Spiegel" auch die Wohnräume der Toten fliehen und sich eine Hütte bauen, wo noch niemand gelebt und die Wildnis verdorben hat (dies übrigens ganz im Sinne Thoreaus: „Ich wüßte nicht, daß jemand vor mir auf der Stelle gebaut hätte, welche ich jetzt bewohne. Gott bewahre mich vor einer Stadt, die über den Trümmern einer älteren Stadt erbaut wurde"[246]) – aus seiner Verstrickung mit dem, was die anderen ihm vorgelebt haben, kommt er doch nicht heraus.

---

[245] Thoreau, *Walden*, a.a.O., S. 308. Vgl. *The Portable Thoreau*, a.a.O., S. 557: „At the same time that we are earnest to explore and learn all things, we require that all things be mysterious and unexplorable, that land and sea be infinitely wild, unsurveyed and unfathomed by us because unfathomable. We can never have enough of Nature."

[246] Thoreau, *Walden*, a.a.O., S. 260. Vgl. *The Portable Thoreau*, a.a.O., S. 507: „I am not aware that any man has ever built on the spot which I occupy. Deliver me from a city built on the site of a more ancient city".

Schmidt wie Thoreau wünschten sich, die Rückzugswelten möchten unerschöpflich sein. Und im Unterschied zu Schmidt scheint Thoreau eine Art Unerschöpflichkeit in der Natur tatsächlich gefunden zu haben – „Ich sehe mit Freuden, daß die Natur reich genug an Leben ist, um gestatten zu können, daß Myriaden geopfert, einander zur Beute überlassen werden können“[247]. Spätestens hier nun trennen sich die Wege von Thoreau und Schmidt, denn Schmidt kann es bekanntlich gerade nicht beglückend finden, daß die Fortexistenz der Welt vom leviathanischen Prinzip des gegenseitigen Auffressens abhängt. Für Schmidt müßte Thoreaus Freude an der verschwenderisch mordenden Natur auf den Irrwitz des biblischen „siehe: es war Alles gut!“ hinauslaufen, das die heftigste Haßtirade der „Schwarzen Spiegel“ überhaupt auslöst: „Ich war so haß-voll, daß ich die Flinte ansetzte, in den Himmel hielt: und klaffte sein Leviathansmaul über zehntausend Spiralnebel: ich spränge den Hund an!“[248] Da hilft es wenig, daß in *Walden* einmal jemand „einen Hund verloren, aber einen Menschen gefunden“[249] hat.

Die Wege trennen sich. „So verließ ich den Wald und schob mich ans Haus“[250], lesen wir am Ende bei Schmidt. Bei Thoreau lesen wir am Ende des Frühlingskapitels: „Ich verließ schließlich Walden am 6. September 1847.“[251] Das Datum, immerhin, bietet noch eine Gemeinsamkeit, denn auch Schmidts letzter Mensch bricht einmal im Sep-

---

[247] Thoreau, *Walden*, a.a.O., S. 309. Vgl. *The Portable Thoreau*, a.a.O., S. 557: „I love to see that Nature is so rife with life that myriads can be afforded to be sacrificed and suffered to prey on one another“.

[248] Schmidt, „Schwarze Spiegel“, a.a O., S. 224.

[249] Thoreau, *Walden*, a.a.O., S. 273. Vgl. *The Portable Thoreau*, a.a.O., S. 520: „He had lost a dog, but found a man.“

[250] Schmidt, „Schwarze Spiegel“, a.a O., S. 260.

[251] Thoreau, *Walden*, a.a.O., S. 310. Vgl. *The Portable Thoreau*, a.a.O., S. 558: „I finally left Walden September 6th, 1847.“

tember auf: „Am 6. wollte ich nach Hamburg starten“[252]. Er kommt aber wieder.

Schluß

Am Ende seines Buches zieht Thoreau eine „Conclusion“, die Trost für Schmidt bereithält. Im Unterschied zum praktischen Experimentator Thoreau hat der Prosaexperimentator Schmidt sich seinen Traum vom patagonischen Blockhaus nicht in der Realität, sondern nur auf Papier zu erfüllen vermocht, doch eben darüber tröstet ihn Thoreau hinweg:

> Wenn du zum Gemeindeschreiber gewählt worden bist, so kannst du natürlich diesen Sommer nicht nach Feuerland gehen: nichtsdestoweniger aber unter Umständen in das Land des höllischen Feuers. Das Weltall ist weiter als der Blick, den wir davon haben.[253]

Zu den Südspitzen der Kontinente läßt sich also auch auf dem Wege des ‚Längeren Gedankenspiels‘ vordringen.

> Nach innen kehr dein Aug’ und du wirst finden
> An tausend unerforschte Regionen;
> Bereise sie und werde wohl bewandert
> In deiner eignen Heimatweltenkunde.[254]

Expertentum à la Schmidt. (Und lyrisches Untalent à la Schmidt.)

---

[252] Schmidt, „Schwarze Spiegel“, a.a.O., S. 220.

[253] Thoreau, *Walden*, a.a.O., S. 311. Vgl. *The Portable Thoreau*, a.a.O., S. 559: „If you are chosen town clerk, forsooth, you cannot go to Tierra del Fuega this summer: but you may go to the land of infernal fire nevertheless. The universe is wider than our views of it.“

[254] Thoreau, *Walden*, a.a.O., S. 311. Vgl. *The Portable Thoreau*, a.a.O., S. 559: „Direct your eye right inward, and you’ll find / A thousand regions in your mind / Yet undiscovered. Travel them, and be / Expert in home-cosmography.“

Und auch über Schmidts Lebenssituation zur Zeit der Abfassung der „Schwarzen Spiegel“ scheint Thoreau seinen Nachfahren hinwegtrösten zu wollen: „Liebe dein Leben, so arm es ist! [...] Verkaufe deine Kleider und behalte deine Gedanken. [...] Die Lebensbedürfnisse der Seele kosten kein Geld.“[255] Klingt das nun doch zu tiefsinnig, zu pompös?

Die Konklusion ist Abstraktion, sucht die beim praktischen Experiment zuvor auf so wohltuend konkrete Weise gewonnenen Erkenntnisse in allgemeine Lebensmaximen umzugießen, und das kann nicht ganz ohne Lebenshilfeprosa vonstatten gehen. Kürzen wir also das Referat hier ab und freuen wir uns statt dessen, daß Schmidts Text kein Sachtext, sondern Literatur ist und uns jede Art von Konklusion erspart.

Und doch gibt es einen Abschnitt in Thoreaus Abschlußkapitel, den wir uns zum Beschluß noch einmal kurz anschauen sollten. Thoreau geht darin auf die verbreitete, nichtsdestoweniger absurde Forderung ein, der Schriftsteller möge so schreiben, daß jeder ihn verstehe. Thoreau weist dergleichen zurück und bekundet, er übertrete mit Wonne das populäre Extravaganzverbot: „Als ob in der Dummheit allein Sicherheit läge! Was ich hauptsächlich fürchte, ist, daß meine Ausdrucksweise nicht *extra-vagant* genug ist“[256]. Hier wird dem noch eins draufgesattelt, und zwar sprachlich, ästhetisch. Thoreau macht seinem Ruf, schroffe Umgangsformen zu kultivieren und andere mit Lust und Absicht „zu brüskieren

---

255 Thoreau, *Walden*, a.a.O., S. 318 f. Vgl. *The Portable Thoreau*, a.a.O., S. 566-568: „Love your life, poor as it is. [...] Sell your clothes and keep your thoughts. [...] Money is not required to buy one necessary of the soul.“

256 Thoreau, *Walden*, a.a.O., S. 315. Vgl. *The Portable Thoreau*, a.a.O., S. 563: „As if there were safety in stupidity alone. I fear chiefly lest my expression may not be extra-vagant enough“.

und zu irritieren“[257], alle Ehre, indem er gegen den angeblich gesunden Menschenverstand polemisiert:

> Warum sollen wir immer abwärts nivellieren, entsprechend unserer stumpfesten Empfindung, und sie als gesunden Menschenverstand preisen? Den gesündesten Verstand hat der Mensch, der schläft, und er drückt ihn aus, indem er schnarcht.[258]

Und dann folgt auch noch ein Plädoyer zugunsten des offenen, des mehrschichtigen, des immer wieder neu zu lesenden und zu interpretierenden Sprachkunstwerks:

> in diesem Weltteil wird es als Grund zu einem Vorwurf angesehen, wenn jemandes Schriften mehr als eine Auslegung zulassen. Während England sich anstrengt, die Kartoffelfäule auszurotten, will sich nicht jemand Mühe geben, der Hirnfäule abzuhelfen, die so viel weiter verbreitet ist und so viel verheerender auftritt?[259]

Angesichts der damals in Irland wütenden Kartoffelfäule, der Millionen zum Opfer fielen, mag man Thoreaus Wort- und Bildwahl zynisch finden – Arno Schmidt freilich wäre gewiß der letzte gewesen, der Thoreau deswegen widersprochen hätte.

---

[257] Schulz, *Amerikanischer Transzendentalismus*, a.a.O., S. 160.

[258] Thoreau, *Walden*, a.a.O., S. 315. Vgl. *The Portable Thoreau*, a.a.O., S. 564: „Why level downward to our dullest perception always, and praise that as common sense? The commonest sense is the sense of men asleep, which they express by snoring.“

[259] Thoreau, *Walden*, a.a.O., S. 316. Vgl. *The Portable Thoreau*, a.a.O., S. 564: „in this part of the world it is considered a ground for complaint if a man's writings admit of more than one interpretation. While England endeavors to cure the potato-rot, will not any endeavor to cure the brain-rot, which prevails so much more widely and fatally?“

Soweit Thoreaus „Conclusion“ – wie sieht nun unsere aus? Ich möchte mich so unelegant aus der Affäre ziehen, wie man das nicht nur von mir gewohnt, sondern wie dies auch den Herren Thoreau und Schmidt durchaus angemessen ist, und jede Schlußfolgerung verweigern. Wenn ich die Texte Schmidts und Thoreaus versuchsweise übereinandergelegt habe, so ging es mir keineswegs darum, eine Einflußthese aufzustellen oder gar zu untermauern. In einigen Bereichen scheinen Schmidts und Thoreaus persönliche Dispositionen einander zu ähneln, weswegen sich vergleichbare Muster ergeben und weswegen der Topos des Hüttenbaus in der Wildnis einige punktuelle und strukturelle Gemeinsamkeiten in den beiden hier vermessenen Texten gezeugt hat – darüber sollten jedoch die Differenzen dann keineswegs aus dem Blick verloren werden. Auf den Widerstreit von Identität und Nichtidentität kommt es an, nicht auf die eine oder die andere allein – zumal sich auf einem bestimmten Meß- und Abstraktionsniveau eh alles immer gleicher und der Erkenntnisgewinn gleichzeitig immer kleiner wird. In seinem Essay „A Winter Walk“ bringt Thoreau das auf den meteorologischen Punkt: „The day is but a Scandinavian night. The winter is an arctic summer.“[260] Auf den Ort, von dem aus definiert wird, kommt es also an; nur von der Erde aus ist die Sonnenfinsternis eine Sonnenfinsternis; in Wahrheit handelt es sich um eine Erdfinsternis. Schmidts letzter Mensch kann gleichwohl seinen Kalender danach stellen.

Am Ende ist jede Erkenntnis tautologisch. Wir halten fest, was Fakt ist, und Fakt ist, was wir festhalten können: „Der zweite November brach die Blätter ab“[261]. Wäre das

---

[260] Henry David Thoreau, „A Winter Walk“, in *The Portable Thoreau*, a.a.O., S. 57-75, hier S. 63.

[261] Schmidt, „Schwarze Spiegel“, a.a.O., S. 231.

noch ein Faktum, wenn der, der das festhält, doch einen fehlerhaften Kalender hätte? Und was ist mit Begründungen? Thoreau gibt einen unübertreffbaren Grund dafür an, daß er sein Experiment schließlich beendet: „Ich verließ den Wald aus einem ebenso guten Grunde, als ich ihn aufgesucht hatte.“[262] Punkt. Und warum war er überhaupt in den Wald gegangen? Um es zu tun. Schmidts Faun weiß Bescheid, als seinerseits er sein Hüttenrefugium begründet: „Nutzen des historischen Beispiels: man kann so was machen!“[263] Darum geht's: etwas machen, um zu beweisen, daß man es machen kann. Lassen kann man's auch; wenn man kann.

---

[262] Thoreau, *Walden*, a.a.O., S. 314. Vgl. *The Portable Thoreau*, a.a.O., S. 562: „I left the woods for as good a reason as I went there.“

[263] Arno Schmidt, *Aus dem Leben eines Fauns*, in Bargfelder Ausgabe, Bd. I/1, a.a.O., S. 299-300, hier S. 360.

Carry me home to die
Mark Twain bei Arno Schmidt

Mark Twain war kein Lieblingsautor Arno Schmidts; vieles an Twain muß Schmidt recht verstört haben. Dazu zählt zunächst einmal die Tatsache, daß Twain völlig unfähig war, seine Bücher ordentlich durchzukonstruieren: er fing einfach an zu schreiben und ließ sich überraschen, wohin es ihn trieb. Dieses nach Schmidtschem Verständnis der literarischen Kunst völlig indiskutable Vorgehen hatte zur Folge, daß sich selbst in Mark Twains einzigem echten Meisterwerk, dem *Huckleberry Finn*, etliche Ungereimtheiten und logische Brüche in der Handlungsentwicklung finden, ganz zu schweigen von der länglichen Gefangenenbefreiung am Ende, deren Albernheiten den Genuß der vorherigen Romanteile durchaus trüben können. Aber auch einige Abneigungen Twains gegen ältere Kollegen können bei Schmidt schwerlich auf Gegenliebe gestoßen sein, so vor allem die gegen Walter Scott und James Fenimore Cooper. Mark Twain machte Walter Scott dafür verantwortlich, daß die romantische Ritterromantik, die Cervantes mit seinem *Don Quijote* doch eigentlich ein für alle Mal erledigt haben sollte, fröhliche Wiederauferstehung feierte (vor allem im Süden der Vereinigten Staaten); und Coopers Ideal vom edlen rothäutigen Wilden hielt Twain für ebenso unangemessen, wie er Coopers unrealistische Handlungs- und Gesprächsführung kritisierte. Cooper habe auf einer einzigen Zweidrittelseite 114 von 115 möglichen Verbrechen an der literarischen Kunst verübt[1], rechnet Twain vor und bemängelt unter anderem, Cooper habe

---

[1] Vgl. Mark Twain, „Fenimore Cooper's Literary Offenses", in *The Portable Mark Twain*, hg. v. Bernard DeVoto (New York: Penguin Books 1977), S. 541-556, hier S. 541.

> seinen zerbrochenen Zweig mehr als alle seine anderen Effekte geschätzt und ihn am heftigsten überzogen. In jedem seiner Bücher ist es wahrlich ein geruhsames Kapitel, wenn einmal niemand auf einen trockenen Zweig tritt und alle Rot- und Weißhäute im Umkreis von zweihundert Schritt auf den Plan ruft [...]. Tatsächlich sollte die Lederstrumpf-Reihe eigentlich treffender als die Zerbrochener-Zweig-Reihe bezeichnet werden.[2]

Und er erteilt Cooper den freundlichen Rat:

> wenn die Figuren einer Geschichte miteinander sprechen, sollten die Gespräche sich nach menschlichen Gesprächen anhören, und es sollte sich um solche Gespräche handeln, wie sie menschliche Wesen unter den gegebenen Umständen wohl auch führen würden, und sie sollten einen irgendwie erkennbaren Sinn haben und eine erkennbare Absicht verfolgen und irgendwie von Belang sein und auf irgendeine Weise mit dem verhandelten Gegenstand zu tun haben und für den Leser interessant sein und die Geschichte voranbringen und aufhören, wenn den Leuten nichts mehr zu sagen einfällt. Dieses Erfordernis aber wird im *Wildtöter* von Anfang bis Ende überall ignoriert.[3]

Zu allem Überfluß hielt Twain auch noch die Prosa Edgar Allan Poes fürs unlesbar. Dem Poe- und Scott- und Cooper-Fan Arno Schmidt konnte das alles kaum behagen.

Andererseits mußten ihm bestimmte Züge Mark Twains durchaus angenehm sein, so dessen betontes Autodidaktentum, sein vor allem im Spätwerk immer ingrimmiger werdender Atheismus und nicht zuletzt der brachiale

---

[2] Ebd., S. 544. (Meine Übersetzung.)

[3] Ebd., S. 542. (Meine Übersetzung.)

Humor. Twain schaffte es zeit seiner Karriere, alle Freunde des Feinsinnigen vor den Kopf zu stoßen, er war ein Schreckensmann ganz in Schmidts Sinne, auch wenn die Welt dies lange Zeit nicht recht zur Kenntnis nehmen wollte und ihn zum reinen Humoristen zu verharmlosen suchte.

Tatsächlich scheint Schmidt in frühen Jahren einiges von Mark Twain gehalten zu haben. Am 22. November 1935 schreibt er in einem Brief an Heinz Jerofsky:

> Ich schlug Mark Twain auf und las: »Wenn ein junger Dichter in 10 Jahren nicht berühmt geworden ist, so kann er dies als sicheres Zeichen ansehen, dass die Natur ihn zum Holzhacker bestimmt hat; wenn er nur ein Körnchen Weisheit besitzt, wird er sich zurückziehen und mit Würde den ihm vom Schicksal zugewiesenen Beruf ergreifen![«][4]

Mark Twain war jemand, der die Schriftstellerei als Erfolgskarriere betrieb (und für den kein Buch als Erfolg zählte, von dem nicht mindestens 50.000 Exemplare verkauft wurden[5]); Schmidt als jemand, der die Literatur als Kunst verstand und der sich vom Publikumszuspruch schon aus Eigeninteresse nie abhängig machte, hätte den Rat, sich statt der Schriftstellerei dem Holzhacken zu widmen, eigentlich beherzt in den Wind schlagen können – aber er schätzte Twain offenbar doch hinreichend, um ins Grübeln zu kommen:

---

4 Arno Schmidt, „Briefe an Heinz Jerofsky“, in Jan Philipp Reemtsma u. Bernd Rauschenbach (Hg.), *„Wu Hi?“ Arno Schmidt in Görlitz Lauban Greiffenberg* (Zürich: Haffmans 1986), S. 53-89, hier S. 68 f.

5 Vgl. Michael Patrick Hearn (Hg.), *Alles über Huckleberry Finn. Abenteuer von Huckleberry Finn (Tom Sawyers Kamerad) von Mark Twain (Samuel L. Clemens)*, üb. u. adapt. v. Friedhelm Rathjen (Hamburg: Europa Verlag 2003), S. xxxiii.

> Ich schloss das Buch und sann lange nach; hätte dies Gerhard Hauptmann zu mir gesagt, würde ich es als Neid bezeichnet haben, aber M. Twain.....?[6]

Mark Twain, soviel ist klar, gilt Schmidt zu diesem Zeitpunkt mehr als Hauptmann.

Doch ich möchte die Briefstelle nicht überbewerten; eigentlich zitiere ich sie nur, um nachzuweisen, daß Schmidt Mitte der 30er Jahre Twain gelesen hat. Die Formulierung, die er Jerofsky mitteilt, stammt aus einem Artikel Twains mit dem Titel „Allgemeine Antwort an Schriftsteller oder solche, die es werden wollen", der in deutscher Übersetzung im *Skizzenbuch* enthalten ist; der fragliche Passus lautet dort:

> Wird ihm [dem angehenden Dichter] im Lauf von drei Jahren kein Honorar angeboten, so darf er dies mit vollem Vertrauen als ein Zeichen betrachten, daß ihn die Natur zum Holzhacker bestimmt hat. Wenn er auch nur ein Körnchen Weisheit besitzt, wird er sich mit Würde zurückziehen und den ihm vom Himmel verordneten Beruf ergreifen.[7]

---

[6] Schmidt, „Briefe an Heinz Jerofsky", a.a.O., S. 69.

[7] Mark Twain, „Allgemeine Antwort an Schriftsteller oder solche, die es werden wollen", in *Skizzenbuch*, üb. v. Marg. Jacobi, Henny Koch u. L. Ottmann, dreiunddreißigste Auflage (Stuttgart: Verlag von Robert Lutz o.J.), S. 95-100, hier S. 98 f. – Diese Übersetzung des Essays ist auch in etlichen anderen Zusammenstellungen aus den ersten Jahrzehnten des 20. Jahrhunderts zu finden, so in *Humoresken* (Hafis-Lesebücherei, Leipzig: H. Fikentscher Verlag 1927) und in *Die Millionen=Pfundnote und weitere 26 Geschichten von Lust und Leid* (Mark Twains Werke – Neue illustrierte Lutz=Auswahl IV, Stuttgart: Robert Lutz Nachfolger Otto Schramm 1939); nachgedruckt wurde sie auch noch in *Das Tintenfaß. Ein Diogenes Taschenbuch für Literatur und Graphik*, 10. Jg., 24. Folge, hg. v. Daniel Keel u. Gerd Haffmans (Zürich: Diogenes 1974), S. 9-13. Eine andere deutsche Fassung des Textes habe ich bisher nicht

Wie man sieht, weicht der Wortlaut dieser (offenbar einzigen) deutschen Übersetzung des Twain-Textes von demjenigen, den Schmidt in seinem Brief an Jerofsky gibt, erheblich ab. Es stellt sich deswegen die Frage, ob Schmidt Twain seinerzeit womöglich im Original gelesen hat. Der fragliche Passus von „A General Reply“ lautet auf englisch folgendermaßen:

> If nobody offers pay within three years, the candidate may look upon this circumstance with the most implicit confidence as the sign that sawing wood is what he was intended for. If he has any wisdom at all, then, he will retire with dignity and assume his heaven-appointed vocation.[8]

Besonderer Beachtung wert ist für unsere Zwecke Twains Formulierung „sawing wood is what he was intended for“, die ja genaugenommen etwas anderes bedeutet als die deutsche Fassung, wonach der knospende Dichter von der „Natur zum Holzhacker bestimmt“ sei. Der von Schmidt gegebene Wortlaut folgt an diesem Punkt der deutschen Fassung fast wortwörtlich; hätte er die englische Originalfassung übersetzt, so wäre mit ziemlicher Sicherheit etwas anderes herausgekommen. Die Textabweichungen in Schmidts Brief sind vermutlich einfach darauf zurückzuführen, daß Schmidt aus dem Gedächtnis zitiert; dennoch dürfen wir die Briefstelle als Beleg dafür nehmen, daß Schmidt Mark Twain Mitte der 30er Jahre keineswegs im Original, sondern in deutscher Übersetzung las.

Ob Schmidt von Twain damals nur das *Skizzenbuch* oder aber größere Teile der Werkausgaben des Lutz-

---

auffinden können; in den Werkausgaben der Verlage Aufbau und Hanser wird er nicht berücksichtigt.

8 Mark Twain, „A General Reply“, in *The Galaxy*, Vol. 10, Issue 5, November 1870, S. 732-734, hier S. 733.

Verlages rezipierte, läßt sich auf der Basis des bisher zugänglichen Materials leider nicht entscheiden. In einer Kiste, die Arno und Alice Schmidt am 2. Februar 1945 „per Auto zur Lagerung bei der Fa. Hanisch in Meißen“ expedierten, befand sich einer Inhaltsauflistung zufolge auch „Mark Twain“[9], doch da kein Titel aufgeführt wird und die entsprechende Kiste komplett verlorengegangen ist, wissen wir nicht, worum es sich handelte.

Ende Oktober 1948 schreibt Arno Schmidt für sein Projekt *Die Wundertüte* den Brief an „Herrn Prof. George R. Stewart“ und erwähnt darin die Darstellung, die „Mark Twain vom Zeitungswesen in Tennessee“[10] gegeben hat; der Brief wird im Mai 1951 unverändert auch in „Schwarze Spiegel“ übernommen[11], und als Schmidt ein Jahrzehnt später sein „Nachwort zu Coopers »Conanchet«“ schreibt, bezieht er sich ein weiteres Mal auf „Mark Twains Satire vom ZEITUNGSWESEN IN TENNESSEE“[12], ebenso später dann in *Zettel's Traum*[13]. Der betreffende Text Twains ist ebenfalls im *Skizzenbuch* und den meisten daraus destillierten Auswahlbänden

---

[9] Alice Schmidt, Handschriftliche Aufzeichnungen über die Greiffenberger Bibliothek, Blatt 4, mitgeteilt von Susanne Fischer / Arno Schmidt Stiftung (Anlage zum Brief an Friedhelm Rathjen vom 3. Juli 2001).

[10] Arno Schmidt, „Herrn Prof. George R. Stewart“, in Bargfelder Ausgabe, Bd. III/3 (Zürich: Haffmans 1995), S. 25-29, hier S. 28.

[11] Vgl. Arno Schmidt, „Schwarze Spiegel“, in Bargfelder Ausgabe, Bd. I/1 (Zürich: Haffmans 1987), S. 199-260, hier S. 236.

[12] Arno Schmidt, „Nachwort zu Coopers »Conanchet«“, in Bargfelder Ausgabe, Bd. III/4 (Zürich: Haffmans 1995), S. 130-169, hier S. 148.

[13] Vgl. Arno Schmidt, *Zettel's Traum* (Stuttgart: Goverts Krüger Stahlberg 1970), S. 382 lm: „Du ersiehsD daraus, daß MARK TWAIN's ‘Zeitungswesen in Tennessee’, mit nichtn ne Parodie war, wohl aber simplste US=amerikanische Gazettn=Gepflognheitn festhielt [...].“

enthalten[14]; Schmidts im Stewart-Brief gegebener Hinweis, dergleichen habe man „schon vor Jahrzehnten"[15] zur Kenntnis nehmen können, deutet darauf hin, daß es sich in der Tat um eine frühe Lektürefrucht gehandelt haben dürfte.

Die früheste nachweisbare Twain-Lektüre Schmidts nach dem Krieg fällt ins Jahr 1949. Zu den abendlichen Vorleselektüren des Ehepaars Schmidt gehört in diesem Jahr ein Text namens „A restless night"[16], enthalten in dem von Hilde Eicker herausgegebenen Band *Pleasant American Tales*, der sich noch heute in Schmidts Nachlaßbibliothek findet.[17] Das Bändchen könnte Schmidt schon zu Beginn der 30er Jahre als Schullektüre erworben haben; bei dem Twain-Text „A restless night" handelt es sich um das dreizehnte Kapitel des Reisebuches *A Tramp Abroad* (in deutscher Übersetzung meist *Bummel durch Europa* betitelt). Es ist eine mit recht grobschlächtigem Humor vorgetragene Darstellung einer schlaflosen Nacht in Heilbronn, und die Lektüre scheint im Werk Arno Schmidt keinerlei Spuren hinterlassen zu haben.

---

[14] Vgl. Mark Twain, „Zeitungswesen in Tennessee", in *Skizzenbuch*, a.a.O., S. 83-91; *Humoresken*, a.a.O., S. 80-89. Der Text ist nicht enthalten in *Die Millionen=Pfundnote und weitere 26 Geschichten von Lust und Leid*, a.a.O.

[15] Schmidt, „Herrn Prof. George R. Stewart", a.a.O., S. 28; Schmidt, „Schwarze Spiegel", a.a.O., S. 236.

[16] Mitgeteilt von Susanne Fischer / Arno Schmidt Stiftung (Anlage zum Brief an Friedhelm Rathjen vom 10. Juli 2001). Frau Fischer sei an dieser Stelle für die bereitwilligen Auskünfte zu den Lektüren und Buchbeständen Arno Schmidts herzlich bedankt.

[17] Vgl. Mark Twain, „A restless night", in *Pleasant American Tales*, Selected and Explained by Hilde Eicker (Leipzig: Quelle & Meyer 1932), S. 29-35, sowie Dieter Gätjens, *Die Bibliothek Arno Schmidts. Ein kommentiertes Verzeichnis seiner Bücher* (Zürich: Haffmans 1991), neue Ausgabe, durchges. und erw. v. Günter Jürgensmeier (Bargfeld: Arno Schmidt Stiftung 2003; im Internet: www.arno-schmidt-stiftung.de/Archiv/Bibliotheksverzeichnis.html), Nr. 574.

In Schmidts Nachlaßbibliothek findet sich nicht nur das Eicker-Bändchen mit diesem Ausschnitt aus *A Tramp Abroad*, sondern Schmidt besaß auch einen 1923er Reprint der Tauchnitz-Ausgabe des kompletten Buches, außerdem eine 1954er Ausgabe des allerersten Twainschen Reisebuches *The Innocents Abroad* (*Die Arglosen im Ausland*) sowie eine 1954 gedruckte Sammelausgabe der beiden Romane *Tom Sawyer* und *Huckleberry Finn*.[18] Die Erwerbsdaten sind leider in keinem Fall bekannt; es ist aber kaum zu vermuten, daß Schmidt diese Bücher schon vor den 50er Jahren besessen hätte. Die Hinweise auf Twains Werk in Schmidts Texten der 50er Jahre sind spärlich und beschränken sich auf ein allgemeines Namedropping, das keinerlei genauere Werkkenntnis verrät. In „Der große Unbekannte“, geschrieben Anfang März 1955, führt Schmidt Twain (der eigentlich Samuel Langhorne Clemens hieß) als Beispiel für Autorenpseudonyme auf („Ist nicht auch »Mark Twain« ein Begriff der Weltliteratur geworden?“[19]); im Februar 1957 dann in „Die Meisterdiebe“ reiht Schmidt „einige Kapitel im ‹Tom Sawyer› des Mark Twain“[20] recht pauschal in eine Aufzählung literarischer Höhlen- und Hohlweltdarstellungen ein. Im August 1959 schließlich, in „Trommler beim Zaren“, marschieren „tausend Henkelmänner mit ihren Kännchen aus dem Hauptbahnhof [...] hinein ins Vergoldete Zeitalter“[21], eine vage Anspielung auf den Titel des Romans

---

[18] Vgl. Gätjens / Jürgensmeier, *Die Bibliothek Arno Schmidts*, a.a.O., Nr. 600.1-3.

[19] Arno Schmidt, „Der große Unbekannte“, in Bargfelder Ausgabe, Bd. III/3, a.a.O., S. 200 f., hier S. 201.

[20] Arno Schmidt, „Die Meisterdiebe. Von Sinn und Wert des Plagiats“, in Bargfelder Ausgabe, Bd. II/1 (Zürich: Haffmans 1990), S. 333-357, S. 341.

[21] Arno Schmidt, „Trommler beim Zaren“, in Bargfelder Ausgabe, Bd. I/4 (Zürich: Haffmans 1988), S. 129-134, hier S. 129.

The Gilded Age, der 1874 als Gemeinschaftswerk von Mark Twain und Charles Dudley Warner erschien und von Schmidt später auch noch einmal in der *Schule der Atheisten* angespielt wird[22].

Tatsächliche Werkkenntnis, die über das *Skizzenbuch* hinausreicht, läßt sich erst für den Herbst 1959 nachweisen. Am 20. September jenes Jahres benutzt Schmidt in einem Brief an Wilhelm Michels erstmals die Formulierung „oh, carry me home to die!“[23]; wenige Tage später beantwortet Schmidt eine Umfrage von Radio Bremen und quittiert das Werk von Gottfried Benn ebenfalls mit dem Stoßseufzer „oh, carry me home to die!“[24] Dieser Stoßseufzer ist ein Twain-Zitat. Im dreizehnten Kapitel von *A Tramp Abroad* reagiert Twain auf einen polyglotten Fremdenführer, der sich mit einer Visitenkarte als „A. BILLFINGER“ vorstellt, mit einem Ausruf, der in der heute maßgeblichen Twain-Übersetzung eingedeutscht wird als: „Billfinger! Oh, schafft mich heim, ich muß sterben!“[25] Da ist der von Schmidt bevorzugte Originalwortlaut in der Tat griffiger. Schmidt zitiert den Ausruf noch mindestens dreimal in seinem späteren Werk: im

---

[22] Vgl. Arno Schmidt, *Die Schule der Atheisten*, = Bargfelder Ausgabe, Bd. IV/2 (Zürich: Haffmans 1994), S. 191: Kolderup empfindet sich als „Vertreter des Gilded Age“.

[23] Arno Schmidt, *Der Briefwechsel mit Wilhelm Michels. Mit einigen Briefen von und an Elfriede Bokelmann, Erika Michels und Alice Schmidt*, hg. v. Bernd Rauschenbach (Zürich: Haffmans 1987), S. 128 (Brief Nr. 143 v. 20.9.59).

[24] Arno Schmidt, „Muß das künstlerische Material kalt gehalten werden? (Anmerkungen zu Extrakten aus BENN'S PALLAS und KUNST UND MACHT.)“, in Bargfelder Ausgabe, Bd. III/3, a.a.O., S. 491-494, hier S. 492.

[25] Mark Twain, *Die Arglosen im Ausland*, üb. v. Ana Maria Brock (Berlin und Weimar: Aufbau-Verlag 1969), S. 110.

Oktober 1959 in seiner Kreuder-Rezension[26], im Juli 1962 in „‹Piporakemes!›“[27] und am Ende desselben Monats nochmals in einem Brief an Wilhelm Michels[28]. Kontextuell besonders passend ist das Zitat in „‹Piporakemes!›“, denn da kommentiert Schmidt mit dem Twainschen Stoßseufzer die mangelhaften Deutschkenntnisse von James Joyce („‹es ist eine Hundesleben›“[29]); der angeblich polyglotte Joyce wird dadurch gleichsam zu einem zweiten Billfinger.

Der Herbst 1959, in dem Schmidt also zum ersten Mal nachweislich einen Twain-Text im englischsprachigen Original für das eigene Werk benutzt, ist für die Entwicklung des Schmidtschen Werks ein wichtiger Zeitpunkt: es ist die Phase, in der Schmidt sich (unter dem Einfluß von James Joyce und Sigmund Freud) von einigen Elementen seiner bisherigen Schreibweise verabschiedet und mit *Kaff auch Mare Crisium* zu neuen Ufern aufbricht. Von entscheidender Wichtigkeit ist dabei die Behandlung der sprachlichen Oberfläche, in die zusehends drastische dialektale Schreibweisen eindringen, die es Schmidt dann erlauben, seine Verschreibtechnik zu entwickeln. In einem ersten, fragmentgebliebenen Versuch, solche Schreibwei-

---

26 Vgl. Arno Schmidt, „Bedeutend; aber ...“, in Bargfelder Ausgabe, Bd. III/3, a.a.O., S. 495-500, hier S. 498: „oh, carry me home to die!“

27 Vgl. Arno Schmidt, „‹Piporakemes!›“, in Bargfelder Ausgabe, Bd. I/3 (Zürich: Haffmans 1987), S. 399-421, hier S. 420: „‹es ist eine Hundesleben›, oh carry me home to die“.

28 Schmidt, *Der Briefwechsel mit Wilhelm Michels*, a.a.O., S. 240 (Brief Nr. 260 v. 31.7.62 – wieder im Kontext einer Radio-Bremen-Umfrage): „oh, carry me home to die!“

29 Schmidt, „‹Piporakemes!›“, a.a.O., S. 420. – Schmidt zitiert hier aus einem Brief, den Joyce am 10. Oktober 1921 an Robert McAlmon geschrieben hat. Vgl. James Joyce, *Briefe II. 1917-1930*, hg. v. Richard Ellmann, üb. v. Kurt Heinrich Hansen (Frankfurt a.M.: Suhrkamp 1970), S. 837: „O Herr Gott in Himmel was ist das für ein Hundesleben!“

sen bei James Joyce namhaft zu machen, preist Schmidt Mitte 1960 die, wie er meint, für *Finnegans Wake* als Vorstufe wichtigen „Dialekt=Finessen MARK TWAINS im Huckleberry Finn.“[30] Den Konnex Twain-Joyce wird Schmidt in seinen späteren Joyce-Essays nie wieder ansprechen (und daran tut er vermutlich recht, denn Joyce hat zwar einige Details aus *Tom Sawyer* und *Huckleberry Finn* verarbeitet, scheint die beiden Romane Twains jedoch nicht sehr genau gekannt zu haben[31]); aber Schmidt selbst hat sich diese Finessen im Jahr zuvor mit Sicherheit genau angeschaut, um für die eigene Arbeit an *Kaff auch Mare Crisium* daraus zu lernen. Schmidt muß sehr beeindruckt gewesen sein, denn alle Fassungen seiner *Kaff*-Vorrede enthalten eine unmißverständliche Hommage an Mark Twain.

---

[30] Arno Schmidt, „Der Meister des Odysseus“, in *Fragmente. Prosa, Dialoge, Essay, Autobiografisches*, Bargfelder Ausgabe, Supplemente, Bd. 1 (Frankfurt a.M.: Suhrkamp 2003), S. 216-235, hier S. 231.

[31] Joyce konnte bei der Arbeit an *Finnegans Wake* um den *Huckleberry Finn* kaum herumkommen, schon allein der Namensmagie wegen: Twains Titelheld, der im Verlauf der Handlung mehrmals symbolische Tode und Wiederauferstehungen durchmacht, ist gewissermaßen ein Aspekt des Figurenclusters Finn(egan) MacCool, und zudem paßt Twains pseudonymer Vorname trefflich zu König Marke, der in *Finnegans Wake* ebenfalls eine Rolle spielt. Die Mühe, Twains Roman irgendwie in den eigenen einzuarbeiten, erleichterte Joyce sich allerdings, indem er die Lektüre delegierte. „Ich hab es nie gelesen, und habe niemanden, der es mir vorlesen könnte, und es kostet mich zu viel Zeit bei allem, was ich zu tun habe“, schreibt Joyce am 8. August 1937 an den Sohn seiner Schwiegertochter und bittet ihn, es in seinem Auftrag zu tun und alles, was von Interesse sein könnte, anzustreichen; deswegen findet man in *Finnegans Wake* tatsächlich einige Kurzzitate aus dem *Huckleberry Finn*, doch eine tiefere Beziehung zwischen beiden Büchern besteht nicht. Vgl. James Joyce, *Briefe III. 1931-1941*, hg. v. Richard Ellmann, üb. v. Kurt Heinrich Hansen (Frankfurt a.M.: Suhrkamp 1974), S. 1572.

In seinem ersten Entwurf einer „Vorrede zu »Kaff auch Mare Crisium«" versichert Schmidt, „daß keine der Gestalten" in seinem Roman „frei erfunden, keine der Situationen erkünstelt, keine der Landschaften ›erdacht‹ ist", und setzt hinzu: „Selbstverständlich habe ich mir die Freiheit genommen, die Namen zu ändern; aus 3 Personen 1 zu machen [...]."[32] Das deckt sich weitgehend mit dem, was Mark Twain in der Vorrede zu seinem *Tom Sawyer* geltend macht:

> Most of the adventures recorded in this book really occured; one or two were experiences of my own, the rest those of boys who were schoolmates of mine. Huck Finn is drawn from life; Tom Sawyer also, but not from an individual: he is a combination of the characteristics of three boys whom I knew, and therefore belongs to the composite order of architecture.[33]

In einem weiteren Versuch, die Ziele, die er sich in *Kaff* gesteckt hat, zu erläutern, beteuert Schmidt, die „fonetisch=geschriebene ›Schprech=Schprache‹" seines Romans habe er „absichtlich un=einheitlich gehalten"[34]; dabei denkt er nicht nur, aber auch an die Differenzierung der „Denk=, ja Ausdrucks= und Sprech=Weisen zweier deutscher Provinzen"[35]. Auch das ist eine Art Twain-Paraphrase; dem *Huckleberry Finn* vorangestellt findet

---

32 Arno Schmidt, „Vorrede zu »Kaff auch Mare Crisium«", in *Fragmente*, a.a.O., S. 107-108, hier S. 107.

33 Mark Twain, *The Adventures of Tom Sawyer*, in *Tom Sawyer and Huckleberry Finn*, Everyman's Library 976 (London: J.M. Dent & Sons Ltd. / New York: E.P. Dutton & Co. Inc. 1950), S. 1-180, hier S. 2. – Ich benutze diese relativ obskure Ausgabe, weil es diejenige ist, die auch in Schmidts Nachlaßbibliothek steht.

34 Arno Schmidt, „Erläuternde Notizen zu KAFF auch MARE CRISIUM", in Bargfelder Ausgabe, Bd. I/3, a.a.O., S. 543-547, hier S. 546.

35 Ebd., S. 544.

sich nämlich eine „Explanatory“, in der es unter anderem heißt:

> In this book a number of dialects are used [...]. The shadings have not been done in a haphazard fashion, or by guess-work; but painstakingly, and with the trustworthy guidance and support of personal familiarity with these several forms of speech.
>
> I make this explanation for the reason that without it many readers would suppose that all these characters were trying to talk alike and not succeeding.[36]

Anders als Twain entscheidet Schmidt sich am Ende aber dagegen, seinem Roman Erläuterungen zu Detailrealismus und Sprachbehandlung voranzustellen; statt dessen beschränkt er sich auf die bekannte launige Vorbemerkung – und die ist in unübersehbarer Weise ein Twain-Plagiat. Die *Adventures of Huckleberry* Finn beginnen mit der folgenden „Notice“:

> Persons attempting to find a motive in this narrative will be prosecuted; persons attempting to find a moral in it will be banished; persons attempting to find a plot in it will be shot.[37]

Die Schmidt-Forschung hat schon früh bemerkt, daß dies die Vorlage für Schmidts *Kaff*-Vorbemerkung ist[38]; niemand hingegen ist bislang der Frage nachgegangen, ob Schmidt eine der vorliegenden deutschen Übersetzungen oder aber den englischsprachigen Originaltext benutzt hat.

---

[36] Mark Twain, *The Adventures of Huckleberry Finn*, in *Tom Sawyer and Huckleberry Finn*, a.a.O., S. 181-435, hier S. 183.

[37] Twain, *The Adventures of Huckleberry Finn*, a.a.O., S. 182.

[38] Jörg Drews, Einzelstellendechiffrierung, in *Bargfelder Bote*, Lfg. 4 / September 1973, S. [10]. – Zu möglichen weiteren Twain-Anklängen im Text von *Kaff auch Mare Crisium* vgl. Friedhelm Rathjen, „Potz Mumford & Missouri. ‚Kaff‘ und Mark Twain“, in *Bargfelder Bote*, Lfg. 217-218 / April 1997, S. 20-22.

Angesichts der Tatsache, daß in Schmidts Nachlaßbibliothek das Original in einer Ausgabe von 1954, aber keine deutsche Fassung vorhanden ist, und angesichts der Notwendigkeit, für die Dialektstudien eine Fassung einzusehen, in der die dialektalen Unterschiede auch erkennbar sind, beantwortet sich diese Frage möglicherweise auch schon selbst. Dennoch möchte ich die verschiedenen deutschen Fassungen im folgenden kurz vergleichen; wer an Übersetzungsfragen kein Interesse hat, überblättere bitte die nächsten zehneinhalb Seiten.

Wenn wir freie Bearbeitungen, Bilderbuchfassungen und ähnlich dubiose Versionen vernachlässigen, existieren immerhin vierzig deutsche Übersetzungen des *Huckleberry Finn*; nicht alle sind sie wirklich eigenständig (man könnte direkt Hitlisten aufstellen: welche Fassung wurde am meisten plagiiert, welche plagiiert am schamlosesten?), doch müssen sie bei einem Textvergleich schon aus methodischen Gründen gesondert betrachtet werden. Freilich brauchen wir desungeachtet keine vierzig Fassungen zu vergleichen, denn in den Übersetzungen von Henny Koch (1890)[39], H. Hellwag (1902)[40], Marie Schloß (1913)[41], Walter Keiler (1927)[42], Karl Löbl und Ludwig

---

[39] Mark Twain, *Abenteuer und Fahrten des Huckleberry Finn* [üb. v. Henny Koch] (Stuttgart: Verlag von Robert Lutz 1890).

[40] Mark Twain, *Die Abenteuer Huckleberry Finns (des Kameraden von Tom Sawyer)*, übersetzt von H. Hellwag (Halle: Verlag von Otto Hendel 1902).

[41] Mark Twain, *Die Abenteuer des Huckleberry Finn*, die Übersetzung besorgte Marie Schloß, in *Die Abenteuer des Tom Sawyer und Huckleberry Finn* (Berlin: Williams & Co. Verlag 1913).

[42] Mark Twain, *Abenteuer des Tom Sawyer und Huckleberry Finn*, ins Deutsche übertragen, bearbeitet und mit einem Vorwort versehen von Walter Keiler (Leipzig: Zenith Verlag Erich Stolpe 1927). – Enthält unter diesem Titel eine deutsche Fassung der *Adventures of Tom Sawyer*, der nur ein kurzes Exzerpt aus *Huckleberry Finn* angehängt ist.

Voggenreiter (1939)[43], Rudolf Eger (1944)[44], Franz Geiger (1947)[45], Günter Günther (1948)[46], Hans Achim Weseloh (1950)[47], Fred Wübben (1951)[48], Ulrich Johannsen (1952)[49], L. Wohlfahrt (1952)[50], Wolfram Gramowski (1954)[51], Karl Heinz Berger (1955)[52], Barbara Cramer-

---

[43] Mark Twain, *Huckleberry Finn: Eine Mississippi-Erzählung*, aus dem Amerikanischen übertragen von einer Arbeitsgemeinschaft unter Führung von Karl Löbl und Ludwig Voggenreiter (Potsdam: Voggenreiter Verlag 1939).

[44] Mark Twain, *Huckleberry Finn's Fahrten und Abenteuer*, übersetzt und bearbeitet von Rudolf Eger (Zürich: Schweizer Druck- u. Verlagshaus 1944).

[45] Mark Twain, *Huckleberry Finn*, autorisierte Übertragung aus dem Englischen von Dr. Franz Geiger (Linz, Wien, Pittsburgh: Ibis-Verlag 1947). – Gekürzte Fassung, ansonsten identisch mit Löbl und Voggenreiter (1939).

[46] Mark Twain, *Huckleberry Finn*, übersetzt von Günter Günther (Velden a.W., Wien: Obelisk-Verlag 1948).

[47] Mark Twain, *Huckleberry Finn: Seine Fahrten und Abenteuer*, für die Jugend aus dem Amerikanischen übertr. von Hans Achim Weseloh (Worpswede: Adam Reitze Verlag 1950). – Gekürzt.

[48] Mark Twain, *Huckleberry Finn: Fahrten und Abenteuer*, ins Deutsche übertragen und neu erzählt von Fred Wübben (Heidelberg: Kemper Verlag 1951). – Gekürzt.

[49] Mark Twain, *Die Abenteuer des Huckleberry Finn*, Übersetzung: Ulrich Johannsen (München: Droemersche Verlagsanstalt Th. Knaur Nachf. 1952). – Diese Ausgabe führe ich nur der Vollständigkeit (und der Kuriosität) halber auf; tatsächlich stammt diese Fassung gar nicht von Johannsen (der lediglich den *Tom Sawyer* übersetzt hat), sondern es handelt sich um einen Nachdruck der Fassung von Marie Schloß (1913).

[50] Mark Twain, *Die Abenteuer des Huckleberry Finn*, deutsche Übersetzung von L. Wohlfahrt (Rudolstadt: Greifenverlag 1952).

[51] Mark Twain, *Huckleberry Finn*, Übersetzung aus dem Amerikanischen und Bearbeitung: Wolfram Gramowski (Köln: Agrippina-Verlag 1954). – Gekürztes Plagiat der Fassung von Löbl und Voggenreiter (1939).

[52] Mark Twain, *Die Abenteuer des Huckleberry Finn*, aus dem Amerikanischen nach einer älteren Übersetzung bearbeitet, herausgegeben

Nauhaus (1956)[53], Gisela Eppe (1958)[54], H. Lorenz (1962)[55], Werner Faßhauer (1962)[56], Ilona Paar (1964)[57], Rudolf Herrmann (1969)[58], Brigitte Helmstaedt (1970)[59], Anonymus (ca. 1972)[60], Ulrich Riemerschmidt (1979)[61],

---

von Karl Heinz Berger, illustriert von Eberhard Binder (Berlin: Verlag Neues Leben 1955).

53 Mark Twain, *Huckleberry Finns Abenteuer*, vollständige Ausgabe, aus dem Amerikanischen von Barbara Cramer-Nauhaus (Leipzig: Dieterich'sche Verlagsbuchhandlung 1956).

54 Mark Twain, *Die Abenteuer des Huckleberry Finn*, übersetzt und bearbeitet von Gisela Eppe (Göttingen: W. Fischer 1958). – Gekürzt.

55 Mark Twain, *Huckleberry Finn's Abenteuer und Fahrten*, in *Tom Sawyer und Huckleberry Finn*, die Übersetzung aus dem Amerikanischen besorgte H. Lorenz (Klagenfurt: Eduard Kaiser Verlag 1962). – Weitgehendes Plagiat der Fassung von Löbl und Voggenreiter (1939).

56 Mark Twain, *Huckleberry Finns Abenteuer*, deutsch von Werner Faßhauer, Illustrationen von Hilde Schlotterbeck (Olten, Stuttgart, Salzburg: Fackelverlag 1962).

57 Mark Twain, *Huckleberry Finn*, neu bearbeitet von Ilona Paar (Linz: Rudolf Trauner Verlag 1964). – Weitgehendes Plagiat der Fassung von Löbl und Voggenreiter (1939).

58 Mark Twain, *Huckleberry Finn*, deutsche Bearbeitung von Rudolf Hermann (Stuttgart: Spectrum-Verlag 1969). – Stark an der Fassung von Berger (1955) orientiert.

59 Mark Twain, *Huckleberry Finns Abenteuer und Fahrten*, deutsche Bearbeitung: Brigitte Helmstaedt (Balve/Westf.: Engelbert-Verlag 1970). – Sehr stark gekürzt.

60 Mark Twain, *Die Abenteuer des Huckleberry Finn*, in *Tom Sawyer und Huckleberry Finn*, für die Jugend neu bearbeitet (Wien: Tosa Verlag ca. 1972). – Weitgehendes Plagiat der Fassung von Löbl und Voggenreiter (1939).

61 Mark Twain, *Huckleberry Finns Abenteuer*, nach der autorisierten ersten vollständigen Übersetzung von Margarete Jacobi bearbeitet von Ulrich Riemerschmidt (Köln: Lingen Verlag 1979). – Die Übersetzerangabe ist völlig irreführend; tatsächlich handelt es sich um eine oberflächlich redigierte Fassung der Übersetzung von Hellwag (1902). Margarete Jacobi ist eine frühe Übersetzerin von *Tom Sawyer*; den *Huckleberry Finn* hat sie nie übersetzt.

Regine Stigloher (1985)[62], Maria Czedik-Eysenberg (1991)[63] und Dirk Walbrecker (1995)[64] ist die dem Roman vorangestellte Notiz praktischerweise einfach weggelassen worden. Leider bisher nicht einsehen konnte ich die Fassung von Irma Silzer (1953)[65]; es bleiben damit noch vierzehn deutsche Fassungen zu vergleichen.

Die erste deutsche Fassung, in der die „Vorbemerkung" enthalten ist, ist die von Ulrich Steindorff (1921):

> Leute, die versuchen sollten, ein Motiv in dieser Geschichte zu finden, werden gerichtlich verfolgt; Leute, die versuchen sollten, eine Moral darin zu finden, werden Landes verwiesen; Leute aber, die darin eine Verschwörung gegen sich suchen und finden sollten, werden glatt erschossen.[66]

Steindorff überführt das Stakkato des dreimaligen „Persons attempting to find" sehr schön ins Deutsche, aber dafür unterläuft ihm ein grober Schnitzer: er verwechselt den philologischen Begriff „plot" (Handlungsentwicklung) mit der englischen Vokabel für ein Komplott. Keineswegs besser macht es Carl Hartz (1925), der zudem den schlichten Begriff „a motive" kontextuell unangemessen übersetzt:

---

62 Mark Twain, *Huckleberry Finn*, Redaktion: Regine Stigloher (Zollikon: Egmont Verlag 1985). – Stark gekürzt.

63 Mark Twain, *Huckleberry Finn*, neue Bearbeitung von Maria Czedik-Eysenberg (Wien: Verlag Carl Ueberreuter 1991). – Redigierte Fassung der Übersetzung von Steindorff (1921).

64 Mark Twain, *Huckleberry Finns Abenteuer*, nacherzählt von Dirk Walbrecker (Wien, München: Annette Betz Verlag 1995). – Sehr stark gekürzt.

65 Mark Twain, *Huckleberry Finns Abenteuer*, Übertragung: Irma Silzer (Zürich: Büchergilde Gutenberg 1953).

66 Mark Twain, *Huckleberry Finns Fahrten und Abenteuer*, herausgegeben und übertragen von Ulrich Steindorff (Berlin: Verlag Ullstein 1921), S. 5.

> Achtung! Leute, die versuchen sollten, eine böse Absicht in dieser Geschichte zu finden, werden gerichtlich belangt.
> Leute, die versuchen sollten, eine Moral darin zu finden, werden aus dem Lande verbannt.
> Leute, die darin einen verräterischen Anschlag gegen sich erblicken sollten, werden geradenwegs erschossen.[67]

Julie Mathieu, die 1938 eine neue Fassung vorlegt, schreibt weitgehend diejenige von Steindorff ab – inklusive des „plot"-Fehlers in der „Vorbemerkung":

> Leute, die versuchen sollten, ein Motiv in dieser Geschichte zu finden, werden gerichtlich verfolgt; Leute, die versuchen sollten, eine Moral darin zu finden, werden Landes verwiesen; Leute aber, die darin eine Verschwörung gegen sich suchen und finden sollten, werden glatt erschossen.[68]

1948 erscheint die Übersetzung von S.L. Sigwart, einem der wenigen Huck-Finn-Übersetzer, die nicht von ihren Vorgängern abschreiben. Leider ist das allein allerdings noch kein Qualitätsmerkmal; unter der Überschrift „WARNUNG!" wird bei Sigwart der Leserschaft mitgeteilt:

> Personen, die in nachstehender Erzählung einen tieferen Sinn suchen, werden gerichtlich belangt werden;

---

[67] Mark Twain, *Die Abenteuer Huckleberry Finns*, in *Die Streiche Tom Sawyers und Huckleberry Finns*, übersetzt und bearbeitet von Carl Hartz (Berlin: Deutsche Buchgemeinschaft 1925), S. 145. – Gekürzte Fassung.

[68] Mark Twain, *Huckleberry Finns Fahrten und Abenteuer*, neubearbeitet von Julie Mathieu (Berlin: Deutscher Verlag 1938), S. 5. – Diese gekürzte Fassung ist weitgehend ein Plagiat der Übersetzung von Steindorff (1921).

> Personen, die eine Moral in Nachstehendem zu finden suchen, werden des Landes verwiesen;
> Personen, die sich bemühen, in irgendeiner Richtung eine Tendenz in Nachstehendem zu finden, werden standrechtlich erschossen![69]

Mit „Tendenz“ ist der „plot“ zwar nicht ganz so abwegig wie in den früheren Versionen, doch immer noch falsch übersetzt, und Sigwarts Bemühen, wortwörtliche Wiederholungen zu vermeiden, zeigt zwar, daß er eine Standardlehre aus dem schulischen Aufsatzunterricht beherzigt, aber damit zerstört er auch den konzisen Aufbau der Twainschen „Notice“. Ähnliches gilt abgeschwächt auch für die Fassung von Rainer Lübbren (1956):

> Wer versucht, eine Absicht aus dieser Erzählung herauszulesen, wird strafrechtlich verfolgt. Wer eine Moral darin zu finden versucht, wird verbannt. Wer versucht, einen bestimmten Aufbauplan darin nachzuweisen, wird erschossen.[70]

Lübbrens Fassung ist die erste, die den „plot“ halbwegs korrekt übersetzt – und es ist die letzte, die erscheint, bevor Arno Schmidt *Kaff auch Mare Crisium* schreibt. Angesichts der fünf Übersetzungen, die ich bisher zitierte, ist es durchaus ein Glück, daß Schmidt sich an keiner davon orientiert, sondern offensichtlich auf den Originaltext zurückgreift. Die dem *Kaff* vorangestellte Warnung lautet bekanntlich:

> a) Wer in diesem Buch ‹Ähnlichkeiten mit Personen und Ortschaften› aufzuspüren versucht,

---

[69] Mark Twain, *Die Abenteuer des Huckleberry Finn*, neue deutsche Übertragung: S. L. Sigwart (Baden-Baden: Hebel-Verlag 1948), S. 9.
[70] Mark Twain, *Die Abenteuer des Huckleberry Finn*, deutsche Bearbeitung von Rainer Lübbren (Stuttgart: Blüchert Verlag 1956), S. 5.

wird mit Gefängnis, nicht unter 18 Monaten, bestraft.

b) Wer ‹Beleidigungen, Lästerungen, o.ä.› hineinzukonstruieren unternimmt, wird des Landes verwiesen.

c) Wer nach ‹Handlung› und ‹tieferem Sinn› schnüffeln, oder gar ein ‹Kunstwerk› darin zu erblicken versuchen sollte, wird erschossen.[71]

Wäre dies ein Versuch, Twains „Notice" zu übersetzen, könnten wir Schmidt allerlei Ungenauigkeiten und den Verzicht auf den Rhythmus der unverändert wiederholten Eingangsworte vorwerfen; da es aber keine Übersetzung, sondern eine freie Aneignung zu neuen Zwecken ist, enthalten wir uns jeder Kritik. (Daß Schmidt weiß, was der „plot" eines Erzähltextes ist, versteht sich natürlich von selbst.)

Der Vollständigkeit halber möchte ich auch noch jene Fassungen der Twainschen Vorbemerkung vorstellen, die nach *Kaff* erscheinen. 1963 wird die *Huck-Finn*-Übersetzung von Lore Krüger publiziert; es ist die erste, die wenigstens zaghaft versucht, die verschiedenen Sprechweisen des Buches und insbesondere des entlaufenen Sklaven Jim auf eine Weise wiederzugeben, die nicht grob denunziatorisch und rassistisch ist, und deswegen kann es kaum überraschen, daß Lore Krüger auch die Vorbemerkung (die bei ihr „Zur Beachtung" überschrieben ist) sehr ordentlich übersetzt:

> Personen, die versuchen, ein Motiv in dieser Erzählung zu finden, werden gerichtlich verfolgt; Personen, die versuchen, eine Moral darin zu finden, werden ver-

---

[71] Arno Schmidt, *Kaff auch Mare Crisium*, in Bargfelder Ausgabe, Bd. I/3, a.a.O., S. 7-277, hier S. 9.

> bannt; Personen, die versuchen, eine Fabel darin zu finden, werden erschossen.[72]

Das ist in jeder Hinsicht korrekt übersetzt, zudem zügig und straff formuliert, ganz so, wie es im englischen Original zu lesen steht. Von dieser Schnörkellosigkeit hätte sich Willy Borgers, der seine Übersetzung 1964 vorlegt, ein paar Scheiben abschneiden können – aber wenigstens begeht er bei dem, was er „Verfügung" überschreibt, keine groben Verständnisfehler mehr wie seine frühen Vorgänger:

> Personen, die eine Absicht in dieser Erzählung suchen sollten, werden gerichtlich verfolgt; Personen, die eine Moral darin entdecken wollen, müssen mit der behördlichen Ausweisung rechnen; Personen, die nach einer straffen Handlung Ausschau halten, werden standrechtlich erschossen.[73]

Wieder etwas konziser ist die „Warnung", die Martin Beheim-Schwarzbach 1966 seiner Übersetzung voranstellt:

> Personen, die in dieser Erzählung nach einem Motiv suchen, werden gerichtlich belangt;
>
> Personen, die darin nach einer Moral suchen, werden verbannt;
>
> Personen, die darin nach einer Fabel suchen, werden erschossen.[74]

---

[72] Mark Twain, *Huckleberry Finns Abenteuer*, Roman, aus dem Amerikanischen übersetzt von Lore Krüger (Berlin: Aufbau-Verlag 1963), S. 5.

[73] Mark Twain, *Die Abenteuer des Huckleberry Finn*, neu übersetzt und bearbeitet von Willy Borgers (Gütersloh: Bertelsmann Lesering 1964), S. 5. – Gekürzte Fassung.

[74] Mark Twain, *Die Abenteuer des Huckleberry Finn*, in *Tom Sawyer und Huckleberry Finn*, ins Deutsche übertragen von Martin Beheim-

1978 legt Sybil Gräfin Schönfeldt ihre sehr hochsprachlich korrekte *Huck-Finn*-Übersetzung mit folgender „Bekanntmachung" vor:

> Personen, die versuchen, in dieser Geschichte ein Motiv zu finden, werden gerichtlich verfolgt; Personen, die versuchen, eine Moral darin zu entdecken, werden verbannt; Personen, die versuchen, darin einen Plan zu sehen, werden erschossen.[75]

Wie man sieht, hat sich inzwischen ein ordentliches Textverständnis allgemein durchgesetzt; auch Günter Sachse macht in der „Notiz" seiner Fassung von 1985 nicht wirklich etwas falsch, wenn er auch leider wieder einen Hang zur überflüssigen sprachlichen Variation ins Spiel bringt:

> Jeder, der versuchen sollte, ein Motiv in dieser Erzählung zu finden, wird gerichtlich belangt; jeder, der versuchen sollte, eine Moral in ihr zu finden, wird verbannt; und wer etwa versucht, einen Plan darin zu entdecken, wird erschossen.[76]

1991 erscheint die Fassung von Ekkehard Schöller, die dem guten Ruf des Reclam-Verlags alle Ehre macht, auch in der Übersetzung der „Warnung":

> Wer versucht, in dieser Erzählung ein Motiv zu finden, wird gerichtlich belangt; wer versucht, eine Moral darin zu finden, wird des Landes verwiesen; wer ver-

---

Schwarzbach (Frankfurt a.M., Wien, Zürich: Büchergilde Gutenberg 1966), S. 201.

[75] Mark Twain, *Huckleberry Finns Abenteuer: Die abenteuerliche Floßfahrt auf dem großen Mississippi*, aus dem Amerikanischen übersetzt und bearbeitet von Sybil Gräfin Schönfeldt (Würzburg: Arena Verlag 1978), S. 5.

[76] Mark Twain, *Huckleberry Finn*, aus dem Amerikanischen übersetzt und mit einem Nachwort versehen von Günter Sachse (Bindlach: Loewes Verlag 1985), S. 329.

> sucht, eine Handlung darin zu finden, wird erschossen.[77]

Wolf Harranth, der seine Übersetzung 1995 vorlegt, bringt die „Notice“ unter der Überschrift „Hinweis“, und auch daran ist nichts zu beanstanden:

> Wer versuchen sollte, ein Motiv in dieser Erzählung zu finden, wird gerichtlich verfolgt. Wer versuchen sollte, eine Moral darin zu finden, wird verbannt. Wer versuchen sollte, einen Plan darin zu finden, wird erschossen.[78]

Bei all diesen sehr ordentlichen Fassungen aus jüngerer Zeit mag man sich fragen, ob die Übersetzer wohl Schmidts Adaptation gekannt haben – zu belegen ist es in keinem Falle, ganz einfach, weil Schmidts Wortlaut an den entscheidenden Stellen doch zu sehr von Twains Vorgabe abweicht. Die einzige Fassung, von der ich definitiv sagen kann, daß der Übersetzer den *Kaff*-Vorspruch kannte, ist diejenige, die 1997 im seligen Haffmans-Verlag erschienen ist – denn es ist meine eigene. Tatsächlich hat meine Schmidt-Kenntnis insofern Spuren hinterlassen, als ich Mark Twains „will be banished“ nicht, wie ich es sonst wohl gemacht hätte, kurz als „werden verbannt“ übersetzt habe, sondern ganz im Einklang mit dem *Kaff*-Wortlaut als „werden des Landes verwiesen“ – aber das haben frühere Übersetzer ja auch schon gemacht, ohne daß dies gleich ein Indiz für Schmidt-Kenntnis sein muß. Unter der Überschrift „Zur Kenntnis“ übersetze ich den Vorspruch folgendermaßen:

---

[77] Mark Twain, *Die Abenteuer des Huckleberry Finn*, aus dem Amerikanischen neu übersetzt von Ekkehard Schöller (Stuttgart: Philipp Reclam jun. 1991), S. 5.

[78] Mark Twain, *Die Abenteuer des Huckleberry Finn*, deutsch von Wolf Harranth (Hamburg: Cecilie Dressler Verlag 1995), S. 5.

> Personen, die's unternehmen, ein Motiv in dieser Erzählung zu entdecken, werden gerichtlich belangt; Personen, die's unternehmen, eine Moral darin zu entdecken, werden des Landes verwiesen; Personen, die's unternehmen, einen Plan darin zu entdecken, werden erschossen.[79]

Die jüngste Eindeutschung des *Huck Finn* ist im strengen Sinne gar keine – es handelt sich um den wunderbaren Versuch, extreme amerikanische Dialekte durch ebenso extreme europäische wiederzugeben. Wendelinus Wurth hat 1997 seine Übersetzung vorgelegt, in der während der Fahrt den Mississippi hinab die ganze Bandbreite alemannischer Dialekte, wie sie am Oberlauf des Rheins gesprochen werden, erklingt. Für den Vorspruch hat das allerdings keine Konsequenzen; Wurth übersetzt ihn als „Warnung" hochdeutsch:

> Personen, die versuchen, ein Motiv in dieser Erzählung zu finden, werden strafrechtlich verfolgt; Personen, die versuchen, eine Moral darin zu finden, werden verbannt; Personen, die versuchen, darin eine Handlung zu finden, werden erschossen.[80]

Damit wären nun alle deutschen Fassungen der Twainschen Strafandrohung gesichtet, und ich darf die Verächter von Übersetzungsvergleichen bitten, sich wieder zu uns zu gesellen.

---

[79] Mark Twain, *Abenteuer von Huckleberry Finn*, neu übersetzt und mit Anmerkungen von Friedhelm Rathjen (Zürich: Haffmans 1997), S. 5.

[80] *Mark Twains Abenteuer vom Huckelberry Finn, Tom Sawyers Kamerad*, zum ersten Mal vollständig mit der Flößerpassage in s Alemannische geschmuggelt vum Wendelinus Wurth (Gutach: Drey-Verlag 1997), S. 5.

Arno Schmidt hat Mark Twain womöglich ein Weilchen im Verdacht gehabt, eine Art Prä-Joyce zu sein, also jemand, der durch den virtuosen Einsatz orthographischer Verzerrungen zusätzliche Sinnschichten freilegt. Damit allerdings wäre Twain über- oder jedenfalls falsch eingeschätzt; die Normabweichungen der Orthographie dienen bei ihm ausschließlich mimetischen Zwecken, nämlich der Wiedergabe von Dialekten in einem zuvor unbekannten phonetischen Realismus. Als Schmidt im Juni 1961 seinen Joyce-Essay „Der Triton mit dem Sonnenschirm“ schreibt, kann er es zwar nicht lassen, darin noch einen Querverweis auf Mark Twain anzubringen, doch der hat mit den Techniken der Joyceschen Sprachbehandlung gar nichts zu tun, sondern dient dem Zweck, Joyce aus der Vereinnahmung durch Freunde mythologischer Deutungen zu befreien vermittels der Betonung erdig-deftiger Qualitäten: Schmidt unterstreicht, „daß JOYCE das ausgebildetste Feingefühl für *Witze* hatte, und zwar jene groteske Mark=Twain=Sorte, die ‹Paddy› und seine ‹Bulls› schon bei ETA HOFFMANN auszeichnet.“[81] Twains zum Grobschlächtigen neigender Witz war etwas, woran Schmidt durchaus Gefallen finden konnte; im Skript seines Collins-Funkessays später charakterisiert er den Sprecher D., der die Textzitate möglichst wirkungsvoll über die akustische Bühne bringen soll, als „witzig= trocken, ‹MARK TWAIN› im Telegrammstil“[82].

Eine ganz andere, nicht definitiv als intendiert zu belegende Verbindung von Joyce und Twain findet sich in Schmidts im Juli 1962 entstandener Erzählung „‹Pipora-

---

[81] Arno Schmidt, „Der Triton mit dem Sonnenschirm. (Überlegungen zu einer Lesbarmachung von Finnegans Wake von James Joyce.)“, in Bargfelder Ausgabe, Bd. II/3, a.a.O., S. 31-69, hier S. 54.

[82] Arno Schmidt, „Der Titel aller Titel! Betrachtungen zu WILKIE COLLINS & seiner ‹Frau in Weiß›“, ebd., S. 257-282, hier S. 259.

kemes!›", in der ja, wie wir schon gesehen haben, ein umgangssprachlicher Ausruf aus Twains *The Innocents Abroad* zitiert wird. Anderswo im Text fragt die Figur „Arno Schmidt" den Erzähler Dr. MacIntosh ebenso umgangssprachlich: „Honest Indian?"[83] Wie ich bereits bei anderer Gelegenheit gezeigt habe[84], taucht dieser Ausdruck in der dialektalen Schreibung „honest injun" zwar im Joyceschen *Ulysses*[85] auf, aber eben auch bei Twain, nämlich zweimal im *Tom Sawyer*[86] und dreimal im *Huckleberry Finn*[87]. Es läßt sich keineswegs nachweisen, woher Schmidt den Begriff hat; aufgrund seiner Beschäftigung sowohl mit Joyce als auch mit Mark Twain um das Jahr 1960 herum spricht aber einiges dafür, daß ihm zumindest das Vorkommen des Ausdrucks in den Romanen beider Autoren aufgefallen sein sollte.

Andererseits verwendet Schmidt noch Ende 1965 in „Eine Schuld wird beglichen: Quinctius Heymeran von Flaming" ein Twain-Zitat, ohne zu wissen, daß es eines ist; sein Sprecher B. zitiert „billigend; frei nach ‹FINNEGAN›" die in der Tat bei Joyce zu findende Formulierung „no slouch of a name!"[88], die Joyce aus dem siebzehnten

---

83 Schmidt, „‹Piporakemes!›", a.a.O., S. 404.

84 Vgl. Friedhelm Rathjen, „Unselfmadeworld. Sch, Mid, Tjo, Yce, Twa, Ins, Tev, Ens, Onm, Arr & Yat", in *Schauerfeld*, 11. Jg., 3. Heft, 1998, S. 10-13, hier S. 11; Nachdruck in Friedhelm Rathjen, *Dritte Wege. Kontexte für Arno Schmidt und James Joyce* (Scheeßel: Edition ReJoyce 2005), S. 11-14, hier S. 12.

85 Vgl. James Joyce, *Ulysses*, hg. v. Hans Walter Gabler et alii (Harmondsworth: Penguin 1986), Z. 14.1524-25: „honest injun. Shiver my timbers if I had."

86 Vgl. Twain, *The Adventures of Tom Sawyer*, a.a.O., S. 12, 167.

87 Vgl. Twain, *The Adventures of Huckleberry Finn*, a.a.O., S. 221, 334, 377.

88 Arno Schmidt, „Eine Schuld wird beglichen: Quinctius Heymeran von Flaming", in Bargfelder Ausgabe, Bd. II/3 (Zürich: Haffmans 1991), S. 201-229, hier S. 204.

Kapitel des *Huckleberry Finn* entnommen hat[89] – Schmidt merkt das nicht und versieht die betreffende Textstelle auch in seinem Arbeitsexemplar von *Finnegans Wake*[90] mit keinerlei Anmerkung, wie er sie sonst stets anbringt, wenn er ein Zitat erkennt. Stichproben zeigen, daß Schmidt auch ansonsten in seinem *Wake*-Arbeitsexemplar Kürzestzitate aus dem *Huckleberry Finn* nicht als solche identifiziert; Twain-bezügliche Randeinträge beschränken sich auf die Annotation einiger leicht erkennbarer Namens- oder Titelanspielungen. Etwas rätselhaft ist dabei Schmidts Randvermerk zu der Stelle: „SPQueaRking Mark Time's Finist Joke. Putting Allspace in a Notshall."[91] Anscheinend fällt Schmidt nicht auf, daß in „SPQueaRking" die Maxime ‚small profits, quick return' enthalten ist, die in Kapitel 27 von *Huckleberry Finn* in der Variante „Quick sales *and* small profits!"[92] vorkommt; dafür notiert Schmidt am Rand: „Mark Twain ‚Captain Stormfield'?"[93] Welche Verbindung Schmidt an dieser Stelle zu Twains erst 1909 veröffentlichtem Text *Extract from Captain Stormfield's Visit to Heaven* (deutsch erstmals 1954 als *Kapitän Stormfields Besuch im Himmel*) sieht, ist einigermaßen rätselhaft; Schmidts Randvermerk könnte höchstens dadurch veranlaßt sein, daß der *Stormfield*-Text mit einer langen Reise durch den Weltraum beginnt. Unklar ist zudem, welches die Quelle für Schmidts mögliche Kenntnis dieses relativ entlegenen Twain-Textes gewesen

---

89 Vgl. Mark Twain, *The Adventures of Huckleberry Finn*, a.a.O., S. 269: „It ain't no slouch of a name to spell – right off without studying."

90 Vgl. *Arno Schmidts Arbeitsexemplar von Finnegans Wake by James Joyce* (Zürich: Haffmans 1984), S. 40.

91 James Joyce, *Finnegans Wake* (London: Faber and Faber 1975), S. 455.

92 Twain, *The Adventures of Huckleberry Finn*, a.a.O., S. 343.

93 *Arno Schmidts Arbeitsexemplar von Finnegans Wake by James Joyce*, a.a.O., S. 455. – Vor „Mark Twain" steht noch ein Wort, das ich leider nicht entziffern kann.

sein könnte. Sollte er ihn in der Tat im englischen Original gelesen haben, so wäre ihm darin gewiß der hübsche Ausdruck „clodhoppers“[94] aufgefallen, den Schmidt selbst in „Caliban über Setebos“ verwendet[95]; natürlich gibt es aber auch andere mögliche Quellen für Schmidts Kenntnis dieser Vokabel, zum Beispiel George Eliots *Middlemarch*, Coopers *Miles Wallingford*, Bulwers *My Novel* oder James Kirke Pauldings *A Book of Vagaries*.

„‹Piporakemes!›“ und eventuell „Caliban über Setebos“ sind nicht die einzigen Erzählungen des Bandes *Kühe in Halbtrauer*, die Hinweise auf Twain enthalten; in dem im März 1963 entstandenen Text „Abenteuer der Sylvesternacht“ wird, als es um ein angebliches „altes Familienerbstück“ geht, auf eine „Situation“ angespielt, die „ähnlich wie bei MARKTWAIN's“[96] liegt. Um die Jahreswende 1963/64 dann schreibt Schmidt einen kurzen Cooper-Essay namens „Schutzrede für ein graues Neutrum“, der anhebt: „Und da soll MARK TWAIN's ‹COOPER's literarisches Sündenregister› noch so wunderkerzig kitzeln und funkeln: es steht höchstens Aussage gegen Aussage.“[97] Dies ist nicht nur der erste Anlaß, bei dem Schmidt sich auf Mark Twains berühmte Cooper-Demontage „Fenimore Cooper's Literary Offenses“ bezieht, sondern es

---

[94] Mark Twain, *Extract from Captain Stormfield's Visit to Heaven* (New York, London: Harper & Bros. 1909), S. 101.

[95] Vgl. Arno Schmidt, „Caliban über Setebos“, in Bargfelder Ausgabe, Bd. I/3, a.a.O., S. 475-538, hier S. 505: „diesmal kam Frau Wirtin selbst; (und gestattete sich auch wieder so harte Augen, wie sie clodhoppern nun einmal nicht zustehen. Da mußte ich sie ja – leider: ich bin Dschentlmänn – betrachten, wie wenn sie gute 800 Meter entfernt stünde; und, überhöflich aber schleppend, dazu sprechen)“.

[96] Arno Schmidt, „Die Abenteuer der Sylvesternacht“, ebd., S. 455-474, hier S. 472. – Der Sinn der Anspielung ist mir leider bisher nicht aufgegangen; für erhellende Hinweise wäre ich höchst dankbar.

[97] Arno Schmidt, „Schutzrede für ein graues Neutrum“, in Bargfelder Ausgabe, Bd. III/4, a.a.O., S. 347-350, hier S. 347.

bleibt erstaunlicherweise auch der einzige. Welches Schmidts Quelle für die Kenntnis des Textes ist, ist unklar; in den drei Twain-Bänden, die in Schmidts Nachlaßbibliothek stehen, ist die Cooper-Kritik natürlich nicht enthalten. Die Art der Bezugnahme läßt offen, ob Schmidt den Text überhaupt aus eigener Lektüre gekannt oder vielleicht nur in der Cooper-Sekundärliteratur Hinweise darauf gefunden hat.

Am leichtesten zugänglich war der Text „Fenimore Cooper's Literary Offenses“ zu Schmidts Lebzeiten sicherlich in dem von Bernard DeVoto herausgegebenen und seit 1946 in vielen Auflagen verbreiteten Band *The Portable Mark Twain*, dessen Benutzung durch Schmidt sich allerdings nicht belegen läßt. Hätte Schmidt diesen Band rezipiert, so wüßten wir immerhin, woher seine in *Zettel's Traum* gleich zweimal zum Ausdruck gebrachte Kenntnis der Tatsache rührt, daß der Halleysche Komet „MARK TWAIN 1835 brachte;(& dann, 1910, wieder mit=nahm).“[98] DeVoto weist in seiner Einleitung nämlich besonders darauf hin, daß sowohl bei Mark Twains Geburt als auch bei seinem Tod der Komet am Himmel stand.[99] Naturgemäß wird dieser befremdliche Zufall aber auch in anderen Vor- und Nachworten, biographischen Darstellungen und Überblicksartikeln zu Mark Twain gern angeführt.

Es gibt in *Zettel's Traum* noch zwei weitere Stellen, die mit Twain zu tun haben. Die eine ist ein vorgebliches Zitat: „‘$^{earth}/_{-ars-}$ly happiness is restricted to the M$^{a}/_{u}$d’; MARK TWAIN“[100]. Dieser Wortlaut ist so bei Mark Twain aller-

---

[98] Schmidt, *Zettel's Traum*, a.a.O., S. 1256 ru; ähnlich auch schon ebd., S. 737 lm.

[99] Vgl. Bernard DeVoto, „Introduction“, in *The Portable Mark Twain*, a.a.O., S. 1-34, hier S. 25.

[100] Arno Schmidt, *Zettel's Traum*, a.a.O., S. 817 lu.

dings nicht nachzuweisen. Höchstwahrscheinlich meint Schmidt eine Stelle im zehnten Kapitel des späten (und sehr pessimistischen) Twain-Romans *The Mysterious Stranger*, wo Satan erläutert:

> Are you so unobservant as not to have found out that sanity and happiness are an impossible combination? No sane man can be happy, for to him life is real and he sees what a fearful thing it is. Only the mad can be happy, and not many of those. The few that imagine themselves kings or gods are happy, the rest are no happier than the sane. Of course, no man is entirely in his right mind at any time but I have been referring to the extreme cases.[101]

Vermutlich zitiert Schmidt die Stelle aus dem Gedächtnis und deswegen so sehr ungenau. Und auch in diesem Fall läßt sich nicht klären, woher Schmidt die betreffende Twain-Passage gekannt hat – allerdings ist *The Mysterious Stranger* ebenfalls in dem Band *The Portable Mark Twain* relativ leicht erreichbar gewesen. In Auszügen ebenfalls in *The Portable Mark Twain* enthalten ist *A Connecticut Yankee at King Arthur's Court*, ein Text, in dem ein neugeborenes Kind den seltsamen Namen „Hello Central" erhält[102]; Schmidt bedient sich dieser Namensgebung in *Zettel's Traum*[103] – leider ist das Kapitel XL von *A Connecticut Yankee*, in dem sich der Name findet, gerade *nicht* mehr im *Portable Mark Twain* mit abgedruckt; Schmidts Quelle muß bis auf weiteres als ungeklärt gelten.

---

[101] Mark Twain, *The Mysterious Stranger*, in *The Portable Mark Twain*, a.a.O., S. 631-744, hier S. 735.

[102] Vgl. Mark Twain, *A Connecticut Yankee at King Arthur's Court* (New York, London: Harper & Brothers 1917), S. 402 u.ö.

[103] Vgl. Schmidt, *Zettel's Traum*, a.a.O., S. 453 mu: „Hello=Central". (Quellennachweis zuerst von Heinrich Wirtz, Einzelstellenerläuterung zu *Zettel's Traum*, in *Bargfelder Bote*, Lfg. 46-48 / Mai 1980, S. 14.)

Schmidts offenbar letztes Twain-Zitat findet sich in einem Brief an Eberhard Schlotter vom 25. April 1971. Schmidt hält Schlotter vor, mit seinen Illustrationen zu „Anna Livia Plurabelle“ von Joyce eine Textbeherrschung zu suggerieren, über die er gar nicht verfüge, und erinnert sich dabei an Mark Twains Beschreibung „von einem MississippiLotsen, der seinen RadDampfer, übermüdet, im Schlaf durch die Untiefen lenkte: ›wie müßte Der erst steuern, wenn er tot wäre!‹“[104] Die Stelle, die Schmidt hier anführt, steht ganz am Ende des elften Kapitels von Twains *Life on the Mississippi*: „And if he can do such gold-leaf, kid-glove, diamond-breastpin piloting when he is sound asleep, what *couldn't* he do if he was dead!“[105] Da Schmidt diese Stelle auf deutsch zitiert, könnte seine Quelle durchaus eine deutsche Übersetzung gewesen sein, sei es die frühe von Margarete Jacobi („Herrgott, wenn er so ‚goldblatt=, glace=handschuh=, diamantnadelartig‘ lotsen kann, während er fest schläft, was müßte der erst leisten, w e n n e r t o t w ä r e !“[106]), sei es die neuere von Lore Krüger („Und wenn er sogar im Schlaf eine solch piekfeine, geschniegelte Pfundsarbeit als Lotse zustande bringt – was könnte er dann erst zustande bringen, wenn er tot wäre?“[107]). Da Schmidt auch diese Stelle ungenau zitiert, läßt sich erneut nicht entscheiden, wel-

---

[104] Arno Schmidt, *Der Briefwechsel mit Eberhard Schlotter. Mit einigen Briefen von und an Alice Schmidt und Dorothea Schlotter*, hg. v. Bernd Rauschenbach (Zürich: Haffmans 1991), S. 300 (Brief Nr. 182 v. 25.4.71).

[105] Mark Twain, „From Old Times on the Mississippi“, in *The Portable Mark Twain*, a.a.O., S. 49-118, hier S. 102.

[106] Mark Twain, *Leben auf dem Mississippi*, in *Leben auf dem Mississippi. Im Gold= und Silberland*, üb. v. Margarete Jacobi u. L. Ottmann, Mark Twains Werke – Neue illustrierte Lutz=Auswahl V (Stuttgart: Robert Lutz Nachfolger Otto Schramm 1939), S. 9-142, hier S. 77.

[107] Mark Twain, *Leben auf dem Mississippi*, üb. v. Lore Krüger (Berlin: Aufbau-Verlag, ^{3}1988), S. 75.

ches seine Quelle gewesen ist – und man möge es mir nachsehen, wenn ich wiederum darauf hinweise, daß das entsprechende Kapitel aus *Leben auf dem Mississippi* (als Teil der Keimzelle „Old Times on the Mississippi") ebenfalls im *Portable Mark Twain* abgedruckt ist. Es gibt also gleich mehrere Indizien dafür, daß Schmidt in den 60er Jahren den *Portable*-Band rezipiert haben könnte; belegen läßt es sich dennoch nicht.

In Schmidts Werk der 70er Jahre sinkt die Präsenz Mark Twains fast auf null. In der *Schule der Atheisten* gibt es nur die bereits erwähnte oberflächliche Anspielung auf den Titel von *The Gilded Age* und außerdem noch eine auf ein weiteres Twain-Buch, *Roughing It*[108]; in *Abend mit Goldrand* sind überhaupt keine Twain-Spuren auszumachen; in *Julia, oder die Gemälde* schließlich wird Thomas Love Peacock einmal als „ideale Mischung von DANTE und MARK TWAIN"[109] bezeichnet. Es ist nicht ganz auszuschließen, aber auch nicht sonderlich wahrscheinlich, daß diese Ineinssetzung von Twain und Dante angeregt wurde durch Christopher Morleys Vorwort zu jener Ausgabe von *Tom Sawyer* und *Huckleberry Finn*, die in Schmidts Bibliothek steht; Morley umschreibt dort das Verhältnis des rauhbeinigen Mark Twain zu seinem feinsinnigeren Freund und Kollegen William Dean Howells mit den Worten: „Even so wise and loving a companion as Howells took a rather middle-aged attitude toward his friend, and served as a sort of Virgil to Mark's Dante, conducting him through the hell of a literary career."[110] Auch ohne diesen Hinweis Morleys wird es Schmidt

---

[108] Vgl. Schmidt, *Die Schule der Atheisten*, a.a.O., S. 81: „halb Arkadien, halb ›roughing it‹".

[109] Arno Schmidt, *Julia, oder die Gemälde. Scenen aus dem Novecento*, = Bargfelder Ausgabe, Bd. IV/4. S. 48.

[110] Christopher Morley, „Introduction", in Twain, *Tom Sawyer and Huckleberry Finn*, a.a.O., S. vii-xi, hier S. x.

aufgrund seiner zwar nicht unbedingt umfassenden, aber offenbar breitgestreuten Kenntnis des Twainschen Werks einsichtig gewesen sein, daß der bisweilen cholerische und auch in seinem Werk betont unskrupulöse Mark Twain in der Tat etwas von der „der erhabenen Pampigkeit DANTE's [...], der die Gegner meist ganz kalt bei Namen nennt, und sie mit einer Selbstgerechtigkeit, die durchaus schaudern machen kann, in die einzelnen Höllentöpfe tunkt“[111], an sich hatte.

Wollten wir auf der Grundlage der referierten (und insgesamt doch eher dürftigen) Quellenlage ein Resümee ziehen, so müßten wir Schmidts Twain-Rezeption in vier Phasen gliedern.

1. Mitte der 30er Jahre liest Schmidt humoristische Skizzen von Mark Twain in deutscher Übersetzung. Er besitzt mindestens einen Band von ihm, der 1945 bei der Flucht aus Schlesien verlorengeht. Auf eine Kenntnis der Romane oder Reisebücher Twains zu dieser Zeit deutet nichts hin.
2. Nach dem Krieg (und vermutlich bis Ende der 50er Jahre) liest Schmidt mit Ausnahme eines kurzen Auszugs aus *A Tramp Abroad*, der in einer alten Schullektüre enthalten ist, gar nichts von Twain; die wenigen recht pauschalen Hinweise auf Twain in Schmidts Werk dieser Zeit speisen sich aus der Erinnerung an die früher gelesenen Skizzen.
3. Zu Ende der 50er Jahre liest Schmidt seine Ausgaben *Tom Sawyer and Huckleberry Finn* und *A Tramp Abroad*; speziell interessiert ihn die Sprachbehandlung in *Huckleberry Finn*, die anregend für Schmidts phonetische Schreibungen in *Kaff auch Mare Crisium* wirkt. Ein etwaiger Zusammenhang des *Huckleberry*

[111] Arno Schmidt, „Ach, wie gut, daß Niemand weiß ...!“, in Bargfelder Ausgabe, Bd. III/4, a.a.O., S. 340-346, hier S. 343.

Finn mit *Finnegans Wake* wird von Schmidt möglicherweise kurz erwogen oder geprüft, bestätigt sich dabei jedoch nicht.

4. In den 60er Jahren liest Schmidt in einer oder mehreren unbekannten Quellen (eventuell der Ausgabe *The Portable Mark Twain*, die jedoch in Schmidts Nachlaßbibliothek nicht vorhanden ist) verschiedene Texte ganz oder teilweise, darunter *Life on the Mississippi*, *The Mysterious Stranger*, *A Connecticut Yankee at King Arthur's Court* und vielleicht „Fenimore Cooper's Literary Offenses" und *Extract from Captain Stormfield's Visit to Heaven*. Es mag sich bei dieser Lektüre um den Versuch gehandelt haben, zur Stützung des Poe-Komplexes in *Zettel's Traum* einen amerikanischen Autor des 19. Jahrhunderts von Rang zu rezipieren, der mit seinem welthaltigen Humor und seinem zunehmend zur Misanthropie neigenden Skeptizismus als Gegenpart zu Poe hätte dienlich sein können; falls Schmidt ihm eine solche Rolle zugedacht haben sollte, erwies sich Twain dem aber sehr schnell als nicht gewachsen. Als Verbindungsglied und Abstandhalter zwischen Poe und Joyce verwendet Schmidt in *Zettel's Traum* schließlich nicht Mark Twain, sondern die Entdecker und Orthographiezerstörer Lewis und Clark.[112] Schmidts Twain-Rezeption läuft um 1970 deshalb endgültig aus.

---

[112] Vgl. Friedhelm Rathjen, „Die großen Reisenden. Lewis & Clark auf den Fersen", in ders., *Westwärts. Arno Schmidt und die amerikanische Literatur* (Scheeßel: Edition ReJoyce 2007, S. 33-56), sowie ders., „Nachwort: Windespfeifen und Grasgewischel", in Meriwether Lewis & William Clark, *Tagebuch der ersten Expedition zu den Quellen des Missouri, sodann über die Rocky Mountains zur Mündung des Columbia in den Pazifik und zurück, vollbracht in den Jahren 1804-1806*, ausgew., üb. u. hg. v. Friedhelm Rathjen (Frankfurt a.M.: Zweitausendeins 2003), S. 545-587, hier S. 574 f.

Nachweise

Alle Beiträge wurden folgendem Band entnommen: Friedhelm Rathjen, *Westwärts. Arno Schmidt und die amerikanische Literatur* (Scheeßel: Edition ReJoyce 2007).

„Die Spitzen der US-Entwicklung“: Teil 1 wurde für Radio Bremen geschrieben und dort am 11. Dezember 1994 im 2. Hörfunkprogramm unter dem Titel „Vom Jünglingsschwarm zum KloVoyeur – Edgar Allan Poe, wie Arno Schmidt ihn sah“ gesendet; der Text wurde für den Abdruck in den seinem ursprünglichen Zweck gemäß sehr ausufernden Zitaten etwas gestrafft, außerdem wurden einige Details und die Fußnoten nachgetragen. Teil 2 wurde für den Band *Westwärts* geschrieben.

„Schwarze Spiegel oder Leben in Wäldern“: Geschrieben für die Jahrestagung der Gesellschaft der Arno-Schmidt-Leser 1999 in Bayreuth; Erstdruck in *Zettelkasten 19. Aufsätze und Arbeiten zum Werk Arno Schmidts. Jahrbuch der Gesellschaft der Arno-Schmidt-Leser 2000*, hg. v. Rudi Schweikert (Wiesenbach: Bangert & Metzler 2000).

„Carry me home to die“: Erstdruck in *Zettelkasten 23. Aufsätze und Arbeiten zum Werk Arno Schmidts. Jahrbuch der Gesellschaft der Arno-Schmidt-Leser 2004*, hg. v. Georg Schulz (Wiesenbach: Bangert & Metzler 2004); für den Wiederabdruck in *Westwärts* geringfügig ergänzt.

Schmidtwärts in der

EDITION ReJOYCE

Friedhelm Rathjen:

Westwärts – Arno Schmidt und die amerikanische Literatur

ISBN 978-3-00-021252-9, 268 Seiten, € 34,-

Arno Schmidt hat auf Amerika und die amerikanische Literatur gern geschimpft, doch etliche seiner Bezugsautoren waren Amerikaner. Der Band *Westwärts* versammelt Studien zu Schmidts Umgang mit amerikanischen Autoren, eine Quellenlese zum Nibelungenlied in *Kaff auch Mare Crisium* und schließlich ein ausführlich kommentiertes Register aller einhundert Autoren aus Amerika, auf die Schmidt sich in der einen oder anderen Weise bezieht. Der Inhalt im Detail:

Details zum ReJoyce-Programm im Internet unter http://tinyurl.com/22fybo
Bestellungen und Anfragen an rejoyce@gmx.de